EX LIBRIS
DE CAEROL

I0153710

L k⁷ 178

NOTICE

SUR

LA VILLE D'AMIENS.

Amiens, Imprimerie d'Aug.^{te} Caron,
place Périgord, N.° 1.

NOTICE

SUR

LA VILLE D'AMIENS,

OU

DESCRIPTION SOMMAIRE

DES RUES, PLACES, ÉDIFICES ET MONUMENS

LES PLUS REMARQUABLES DE CETTE VILLE,

ACCOMPAGNÉE

D'UN PRÉCIS DES ÉVÉNEMENS QUI S'Y RATTACHENT,

PAR MM. H. D***. ET R. M***.

A AMIENS,

CHEZ ALLO-POIRÉ, LIBRAIRE, A LA HALLE.

A PARIS,

CHEZ J.-G. DENTU, IMPRIMEUR-LIBRAIRE, PALAIS-ROYAL,
GALERIES DE BOIS, N°. 265 ET 266.

1825.

AVERTISSEMENT.

Depuis long-temps on désirait une Description d'Amiens, qui pût servir tout à la fois de mémorial aux habitants, et de guide aux étrangers. Un Ouvrage de ce genre offrait de longues recherches à faire, beaucoup de difficultés à vaincre et peu de gloire à espérer. Néanmoins nous l'avons entrepris. Quelques-uns de MM les Membres de l'académie de cette ville, à qui nous avons soumis cette Notice, ont daigné nous assurer que les anecdotes qu'elle contient, en rendraient la lecture utile et attachante. Leur suffrage nous a encouragés à la publier. Exactitude dans les faits, précision dans le style : tel est le but que nous nous sommes proposé. Toutefois, nous sommes loin de nous croire exempts d'erreurs, quoique nous nous soyons efforcés de n'en point commettre. Nous en signalerons même plusieurs échappées à nos guides, c'est-à-dire, au chanoine de la Morlière, à l'abbé Daire et à l'archiviste Rivoire, dont les ouvrages trop volumineux, peut-être, indépendamment de ce qu'ils sont devenus rares, s'arrêtent à des époques assez reculées. Nous aurons tiré de ce travail tout le prix que nous désirons en obtenir, s'il donne à ceux de nos concitoyens que leur profession détourne des études historiques, une connaissance dont personne semble ne pouvoir décemment se passer, celle des événemens qui concernent la cité qu'on habite.

NOTICE

SUR

LA VILLE D'AMIENS.

CHAPITRE PREMIER.

NOTIONS PRÉLIMINAIRES SUR AMIENS. — PLACE ET RUE S^T. MARTIN. — RUE DU BEAU-PUITS. — BASSE RUE S^T. MARTIN. — RUE DES ORFÈVRES. — LE BLOC. —RUES DES SERGENTS ; DES VERGEAUX ET DES JEUNES-MATINS.

Nous avons promis d'être exacts et surtout d'être courts. Notre premier devoir est donc de passer sous silence les fables diverses qu'on a tenté d'accréditer sur l'origine d'Amiens (1) ;

---

(1) *V.* Gilles Corrozet, Jacques de Guise, Barthélemi

et les étymologies plus ou moins incertaines d'où l'on a fait dériver les différents noms qu'a portés cette ville (1). Il suffira de savoir qu'elle existait long-temps avant l'invasion des Gaules par Jules César ; que nos premiers Rois y établirent le siége de leur empire (2), et que son enceinte primitive s'étendait du nord au midi depuis la rue Becquerel jusqu'à l'Eau des tanneurs, espace qui ne comprenait, pour ainsi dire, que la chaussée St.-Leu.

Elle est située au 19° degré 57 minutes, 56 secondes de longitude, et au 49° degré 53 minutes, 38 secondes de latitude ; elle se trouve au milieu d'une vallée fertile (3) ; son aspect est fort agréable, et sa population excéde 40,000 âmes.

La *Place St. Martin*, qui en forme aujourd'hui

Langlois, Champier, Charron, Sigebert et de la Morlière, liv. Ier, p. 5.

(1) Sous César, elle s'appelait *Samarobrina* ou *Samarobriva ambianorum*, nom qu'elle quitta ensuite pour porter celui d'*Ambianum*. *V.* César de Bell. Gallic. lib. 5, l'Itinéraire d'Antonin, Petrus Divœus, Ant. de la Gaule belgique, etc.

(2) Clodion fit d'Amiens la capitale de ses états, l'an 445.

(3) Cette vallée commence à la porte de Noyon, en tirant vers la Barette, le pont du Cange et celui de Bara-

le centre , et par laquelle nous commencerons
nos recherches , est pleine de souvenirs historiques. L'Apôtre de la Picardie , St. Firmin-le-
Martyr, y annonça l'Évangile à nos pères ; plus
tard , une église fut construite sur l'emplacement de l'hôtellerie dans laquelle St. Martin
couchait , lorsque J.-C. lui apparut , revêtu de
la portion du manteau que ce Saint avait donnée à un pauvre , en entrant à Amiens , l'an
337. A côté de cette église , était l'hôtel des
Cloquiers, où les Mayeurs tinrent leurs archives
jusqu'en l'année 1595. C'est dans ce même hôtel, que la jeunesse de la ville représentait , en
1559, les mystères de St. Jean-Baptiste. Après
l'assassinat des Guises, le peuple , furieux de
l'arrestation de ses députés aux états de Blois ,
se saisit de l'épouse du duc de Longueville,
gouverneur de la province , du comte de St.-

---

ban. Delà, elle se prolonge par le Maucreux , le Jardin
des plantes et l'isle de St. Germain. Puis, reprenant au
bas du Port , elle continue depuis le *Vidame* , l'église
St. Germain , une partie du Marché aux herbes et de la
rue St. Firmin-Confesseur , jusqu'aux Augustins. On
appelait cette vallée la *Basse Ville* , pour la distinguer de
la *haute* , qu'occupaient les paroisses de St. Firmin-la-
Pierre, St. Jacques, St. Firmin-en-Castillon, St. Martin
et St. Remi.

1*

Pol, son frère, et de ses trois sœurs, et les
retint en otage dans ce vieil édifice. Il en confia les clefs aux échevins, qu'il croyait plus
attachés au parti de la Ligue que le mayeur
Jean de Collemont. Deux bourgeois (1), entièrement dévoués à la duchesse de Longueville,
ayant facilité son évasion, elle se rendit au village de Revelles ; mais les habitants la recon-
nurent, malgré son déguisement. On la ramena
sur une mauvaise charette à Amiens, où elle
essuya les insultes de la populace qui la con-
traignit de souffler dans le canon d'un pistolet
armé.

Il existe encore au fond d'une cave de la rue
St. Martin, des vestiges de la chapelle bâtie au-
dessus de la prison souterraine où St.-Quentin
fut incarcéré, l'an 287, lorsqu'il se rendait dans
la ville qui porte aujourd'hui son nom. On
voyait contre le mur de cette chapelle le portrait de Pierre Famechon, procureur du roi,
soupçonné de trahison, lors de la surprise
d'Amiens par les Espagnols, pour avoir dit au
colonel Hernand-Teillo Porto-Carrero : *Desi-
derio desideravi hoc pascha manducare tecum.*

Près de la rue St. Martin, est celle du *Beau-*

---

(1) On les nommait Barbier et Dignocourt, ou Di-
nocourt.

Puits (1). Tous les imprimeurs en caractères y demeuraient autrefois. L'abbé Daire dit que Christophe Delannoy fut le premier qui exerça cette profession à Amiens, et qu'il forma son établissement en 1607. C'est une erreur ; car, dès 1515, Nicolas Caron avait imprimé ici les coutumes du bailliage d'Amiens, dont M. Boullet, substitut en la Cour, a encore le manuscrit original.

Postérieurement, Michel Vascosan se fit connaître à Paris, par ses belles éditions grecques et latines. Ce célèbre imprimeur soignait tellement le texte dés Auteurs dont il entreprenait de reproduire les œuvres, qu'on ne trouva que trois fautes légères dans un ouvrage sorti de ses presses, ouvrage où les précautions les plus minutieuses semblaient ne pouvoir empêcher les fautes typographiques de se multiplier. C'est le traité de Budé *sur les anciennes monnaies* (2). Vascosan avait beaucoup d'érudition, et souvent il lui arrivait de corriger lui-même les livres qu'on le chargeait d'impri-

---

(1) Elle reçut cette dénomination du puits qui s'y trouvait, et qui fut comblé en 1814, parce qu'il obstruait la voie publique.

(2) Ce traité fit tant d'honneur à Budé, qu'Erasme en conçût de la jalousie.

mer. La ville d'Amiens s'énorgueillit de lui avoir donné naissance.

En 1814, la rue du Beau-Puits prit le nom de Henri IV. C'est à l'extrémité de cette rue qu'est située la maison d'Angoulême, dont S. A. R. Monseigneur le Dauphin posa une pierre, le 16 octobre 1817, en allant à la Cathédrale.

La *Basse Rue St. Martin* portait d'abord le nom de rue de la Fourbisserie. Les Romains l'avaient nommée *Via spataria*. Cette double dénomination fait conjecturer qu'on forgeait des armes non loin de-là.

La *Rue des Orfèvres* n'était, dans le principe, qu'un bois épais. C'était, sans doute, pour rappeler son origine que, jusqu'à une époque encore récente, on avait coutume de la couvrir de branches d'arbres, le jour de la Fête-Dieu. Le St. Sacrement passait sous cette voûte de verdure. Cet usage, qui remontait à la plus haute antiquité, ne cessa qu'en 1819, à cause de la mort d'un jeune homme qui se laissa tomber, en ôtant les cordes destinées à soutenir le feuillage.

Un sanglant combat eut lieu au *Bloc* (1), le 11 mars 1597. L'échevin, François de Blayrie, y

_____

(1) Cette partie de la ville fut ainsi nommée, par ce qu'elle était fermée vers cet endroit, avant le second

périt , après avoir tué plusieurs soldats espagnols. Les exploits de ce guerrier-magistrat
étaient peints sur l'un des cloîtres du cimetière
St. Denis. On connait ce mot: *Enfant du Bloc,
secoure le Hocquet !* Il n'est pas aussi vieux qu'on
le croit communément ; on l'attribue à un pénitencier de la Cathédrale , nommé Gauchant,
qui vivait en 1616 et demeurait dans la rue du
Hocquet.

A une petite distance du Bloc , se trouve la
Rue des Sergents, où les Romains avaient fait
construire un *châtelet ,* à fin de contenir le
peuple d'Amiens , souvent prêt à secouer leur
joug. Le marché au fromage se tenait anciennement à l'entrée de cette rue. Elle devint , le
3 mars 1459 , le théâtre d'un grand tournoi
donné par le comte de Charollais , fils de Phi-
lippe-le-Bon, duc de Bourgogne, à qui Charles
VII avait été obligé de céder Amiens par le traité d'Arras.

La *Rue des Vergeaux* est renseignée de différentes manières dans les titres de la ville. Tantôt
elle y est nommée rue du *Verger* ou du *Vieger,*
à cause d'une vaste esplanade qui y aboutissait,
et où , selon quelques manuscrits, Merovée fut

---

agrandissement qui eut lieu du temps de l'Empereur
Antonin.

élu roi, en l'année 447, et élevé sur un pavois
ou bouclier (1). Tantôt elle y est appelée rue
des *Vierges*, *Viergettes* ou *Viergeaux*, parce
que S^{te}. Ulphe y avait une communauté de
filles pieuses, dans le 8e. siècle. Quoiqu'il en
soit de ces étymologies, il nous semble que le
nom de *Ducange* conviendrait mieux que tout
autre à la rue des Vergeaux, puisque ce savant
auteur du Glossaire de la basse latinité, y reçût
le jour. On remarque dans cette rue une maison
décorée de pilastres, de figures et des sentences
suivantes :

    » *Ne contemptor sis.*
    » *Quod possum, non quod debeo.*
    » *Utile quod honestum*, etc..

C'était au coin de la *Rue des Jeunes-Matins*,
qu'anciennement on arrêtait, le jour de l'invention du corps de St. Firmin, *l'Homme vert*
(2), pour piller les feuillages de sa tunique.
Comme la dévotion y attachait un très-grand
prix, et que chacun désirait en avoir, sans

_____

(1) *Merovicus ad regendum populum eligitur et in ea-*
dem ambianorum civitate solio sublimatur. Roric. lib. 1.
Hist. franç.

(2) Surnom donné au bédeau de l'église St. Firmin-
en-Castillon. *V.* l'Hist. manus. de la cathédrale, par feu
M. Baron, ancien bibliothécaire.

attendre la distribution qui s'en faisait ordinairement vis-à-vis l'hôtel-de-ville , on épiait le
moment où ce personnage sortant de la Cathédrale , tout fier d'avoir porté des couronnes
de fleurs aux chanoines (1) , approchait de la
rue des Verts-Aulnois (2) ; alors on l'entourait ,
on se jetait sur lui , et c'etait toujours avec
beaucoup de peine qu'il parvenait à se débar-
rasser de ses pieux assaillants.

---

(1) Cette cérémonie tendait à rappeler la douce tem-
pérature qui s'était manifestée , lorsqu'on découvrit le
corps de St. Firmin.

(2) On voit encore, dans cette rue, l'ancienne salle de
spectacle, convertie, depuis quelques années, en maison
d'éducation publique.

CHAPITRE II.

PLACE ET HÔTEL DE LA MAIRIE.

La *Place de la Mairie*, où existe à présent le marché aux fleurs, fut, en 1641, le lieu de l'exécution de l'infortuné *St. Preuil.* Ce général, à qui Louis XIII avait confié le gouvernement d'Arras, sortit de cette ville, à la tête de 600 fantassins et de 300 chevaux, pour attaquer un détachement de troupes espagnoles retiré à Bethune. Il rencontra la garnison de Bapaume, qui venait de capituler avec le maréchal de la Meilleraie, et, la prenant pour le détachement qu'il devait combattre, il la chargea vigoureusement et la mit en déroute. Bientôt il reconnut son erreur, fit sonner la retraite, alla témoigner ses regrets au commandant espagnol, et dédommagea à ses frais, les soldats de ce dernier de ce qui leur avait été pris. Néanmoins on fit à St. Preuil un crime de cette erreur; il déplaisait au cardinal de Richelieu, et ses ennemis jurèrent sa perte. Il fut arrêté

et conduit à Amiens. On l'accusa non seulement d'avoir violé sciemment la capitulation
accordée à la garnison de Bapaume, mais encore de s'être rendu coupable d'exactions, en
percevant des droits sur les entrées d'Arras,
et en mettant tout l'Artois à contribution. Vainement St. Preuil produisit-il un écrit signé
du commandant espagnol, par lequel cet officier supérieur, rendant hommage à la vérité,
reconnaissait n'avoir été attaqué que par mé-
prise ; vainement représenta-t-il à ses juges,
des lettres du cardinal ministre, et du Roi lui-
même, qui l'autorisaient à lever des impôts
pour subvenir aux dépenses de son gouvernement ; il fut condamné à mort. Au moment
d'avoir la tête tranchée, il protesta de son innocence.

L'*Hôtel-de-Ville* actuel ne fut achevé qu'en
1760. On le construisit sur un plan moins vaste
que celui qui avait été d'abord adopté. La façade en est simple et de bon goût. Les bureaux
occupent le rez-de-chaussée. Dans l'étage supérieur, se trouvent la grand'salle du conseil et la
galerie. Ces deux vastes appartements sont dé-
corés de tableaux, la plupart d'une grande
dimension ; ils ont été extraits du Musée spécial
et envoyés par le Gouvernement, lors du

congrès d'Amiens (1). Parmi ces tableaux, on estime surtout ceux représentant la mort de Priam, par Regnaud ; Auguste donnant l'ordre de fermer le temple de Janus, par Carle Vanloo ; Marc Aurèle faisant délivrer du pain aux citoyens de Rome, par Vien ; une mère Spartiate faisant jurer à son fils de défendre la patrie, par Boucher.

L'académie des sciences, arts et belles-lettres, créée à Amiens par lettres patentes de Louis XV, du 30 juin 1750, à la sollicitation du duc de Chaulnes et de Gresset, tient tous les ans, le lendemain de la St. Louis, sa séance publique dans la grand'salle de cet hôtel. Cette académie fut instituée principalement pour travailler à l'histoire de la province. Antérieurement à la révolution, on y avait lu un grand nombre de mémoires qui renfermaient les matériaux de cette histoire. Il paraît qu'on les a égarés, ou plutôt qu'ils ont été soustraits, à la dissolution de l'académie d'Amiens, arrivée vers 1792. En

_____

(1) Les ministres plénipotentiaires réunis à ce congrès étaient Joseph Buonaparte pour la France, le lord Cornwalis pour l'Angleterre, M. Azara pour l'Espagne, et M. Schimel Penniuk pour la Hollande. La paix qui y fut signée le 7 mars 1802, ne dura qu'un an.

l'an VII, une société libre d'agriculture **avait**
été établie par l'administration centrale du département, sur l'invitation de M. François de
Neufchâteau, ministre de l'intérieur. L'année
suivante, quelques jeunes-gens, amis des arts
et des sciences, formèrent une *société d'émula-*
tion. Des hommes profondément instruits, ne
dédaignèrent point de faire partie de cette société. En 1802, il était question d'y recevoir les
membres de l'ancienne académie, lorsque la
société d'agriculture obtînt l'autorisation de
prendre le titre d'*académie des sciences, agri-*
culture, commerce, belles-lettres et arts du dé-
partement de la Somme. La nouvelle académie
adopta les réglements de l'ancienne. En tête de
la liste de ses membres, furent placés les anciens
académiciens qui avaient survécu aux troubles
révolutionnaires. Le Roi est le protecteur de
cette société littéraire, dont le premier Président
de la Cour, l'Évêque, le Préfet et le Maire sont
membres honoraires. (1) Elle a un directeur,
un chancelier et un secrétaire perpétuel. Le
sceau dont elle fait usage, représente le temple

---

(1) Au nombre des membres correspondans, sont
MM. Duméril et Deneux, tous deux professeurs de la
Faculté de médecine de Paris.

de la gloire sur un mont escarpé. L'exergue porte : *Tentenda via est.*

On comprend annuellement dans le budjet du département une somme de 1200 fr. tant pour les frais de bureau, que pour les prix d'éloquence et de poésie qu'elle décerne, faible indemnité des ressources qu'elle possédait et dont elle a été dépouillée. En 1783, l'un de ses membres honoraires, M. Delatour, peintre du Roi, lui fit don d'une rente sur l'Etat de 450 l., rente dont le montant devait être offert soit au citoyen qui s'était signalé par le plus beau trait d'humanité, soit à l'auteur de l'invention la plus utile à la santé, à l'agriculture ou aux arts. Depuis 1785, jusqu'à la révolution, M. de Bethune fit verser chaque année dans la caisse de l'académie, une somme de 1200 liv., destinée à récompenser ceux qui auraient traité avec succès les sujets littéraires qu'il proposait.

C'est à l'hôtel de la mairie que le tribunal de commerce (1), celui de police municipale et le conseil des prud'hommes tiennent leurs audiences. Le conseil de discipline de la garde nationale y siège également.

_____

(1) Dès 1567, il y avait à Amiens, une chambre consulaire.

Ce fut Louis-le-Gros qui, au commencement
du XIIme. siècle, érigea Amiens en commune.
Philippe-Auguste, en 1209, et Louis VIII, en
1225, confirmèrent l'établissement de cette
commune, qui eut à lutter, comme tant
d'autres, contre le despotisme des seigneurs, et
ne se maintînt qu'avec peine au sein du car-
nage et des incendies.

Sous les comtes de Vermandois, les armes
de la ville consistaient en un écusson échiqueté
d'or et d'azur de 25 pièces. A l'époque de son
érection en commune, on substitua à ces armes
le sceau des *marmouzets* (1), dont le principal
côté offrait au centre une rose d'où partaient
six têtes d'anges, entremêlées de fleurs de lys,
avec cette inscription : *Sigillum civium ambia-
nensium.* Le revers ou contre-scel présentait
une fleur de lys, entourée de cette devise :
Secretum meum mihi. En 1185, Philippe-Auguste
lui donna pour armes, un écu de gueules en
pointe, au chef d'azur, parsemé de fleurs de
lys d'or ; Louis XI l'ayant dégagée des mains
du duc de Bourgogne, permit de diaprer la

---

(1) Selon l'abbé Daire, ce sceau aurait été le premier
que l'on connût à Amiens. Mais il est évident qu'on n'en
fit usage qu'après l'affranchissement de cette ville.

pointe de cet écu, de branches de lierre d'argent, et pour indiquer qu'on ne verrait plus désormais cette ville séparée de la couronne de France, ce Monarque fit joindre à ces armes qui sont supportées par deux licornes, un ruban de gueules, portant cette devise : *Liliis tenaci vimine jungor.* Telles sont encore aujourd'hui les armes d'Amiens, que nos compatriotes se sont empressés de reprendre, au retour de Louis-le-Désiré.

CHAPITRE III.

HALLE FORAINE. — BOURSE OU MAL-MAISON. —
CONCIERGERIE. — HÔTEL DU BERCEAU D'OR. —
MARCHÉ AU FIL, ET BEFFROI.

La *Halle marchande* a été bâtie sur l'emplacement de celle qui fut brûlée pendant la nuit du 5 au 6 décembre 1772. Deux fontaines, de forme pyramidale, en décorent l'entrée faisant face à la rue Ste. Marguérite. Elle renferme, dans le bas et dans la galerie du haut, un grand nombre de boutiques dont une partie est louée par des marchands étrangers, à la foire de la St. Jean. Cette foire remonte, dit-on, à l'an 1206, temps auquel Wallon de Sarton apporta le chef du St. Précurseur à Amiens. Lors de l'érection de la ville en commune, les bourgeois d'Amiens s'assemblaient dans la halle, pour participer aux délibérations qui intéressaient la communauté des habitants.

La *Mal-Maison* (mallum publicum) a une origine fort ancienne. Le titre par lequel le

comte Angilvin de Donnelieu et sa femme
firent donation de plusieurs terres à l'église
Cathédrale, en l'année 850, porte qu'il a été
passé *in mallo publico*[*]. C'est dans cet auditoire
public, qu'avant la création des baillis, se tenaient les assises présidées d'abord par les
comtes, et que jusqu'au milieu du 15ᵉ siècle,
les mayeurs nouvellement élus juraient, *sur
leur part de paradis*, d'exercer fidèlement les
fonctions qui leur étaient confiées. Par la
suite, les échevins cédèrent la mal-maison aux
officiers de l'élection (1) et à ceux du bailliage
(2) d'Amiens, pour leur servir de salle d'au-
dience. Joseph Lebon fut le dernier accusé
qu'on y jugea. Cet homme fameux par tant
d'assassinats, subit la peine de mort, le 16
octobre 1795. Aujourd'hui cet édifice est occupé par la *Bourse* et l'école communale de dessin. Cette école possédait naguères une belle
collection de tableaux (3), d'estampes et de
figures moulées d'après l'antique. La plupart de
ces objets furent remis à leur ancien proprié-

---

* *V*. Ducange, hist. manusc. des comtes d'Amiens.

(1) Instituée par le roi Jean, en 1355.

(2) Établi sous Philippe-Auguste, vers l'an 1183.

(3) De Largillière, Wandick, Lepoussin, Greuse,
Rambraut, Brughel, etc.

taire. Depuis 1816, la ville consacre, tous les trois ans, une somme de mille francs à l'encouragement des jeunes dessinateurs, qui, après avoir fait des progrès remarquables, vont perfectionner leur talent à l'école d'architecture de la Capitale, ou à celle des arts (1) et métiers de Châlons.

Auprès de la mal-maison, on voit la *Conciergerie*, ancienne prison royale. Sur la porte conduisant à la chambre criminelle, on lisait ces mots : *Bon bec sauve la vie*, et ceux-ci : *Porte de douleur*. Au mois de janvier 1698, les malfaiteurs détenus dans cette prison se révoltèrent, et s'étant emparés des fusils qui s'y trouvaient, firent feu sur les archers chargés de les mettre à la raison. Ils ne se rendirent qu'au moment où la poudre leur manqua. On reconstruisit, en 1767 et 1768, l'intérieur de la conciergerie qui menaçait ruine.

Les fenêtres en ogive de l'*hôtel du Berceau d'Or*, attestent assez son antiquité. En 1628, les saïeteurs, persuadés que le conseiller d'état *Pommereux* n'était venu à Amiens, que pour

_____

(1) En 1758, le gouverneur et l'intendant de la province avaient permis l'établissement en cette ville d'une école des arts dans le bâtiment voisin de la fontaine St. Jacques. Feu M. Scellier en fut long-temps le directeur.

2*

exiger un droit imposé sur leurs métiers, enfoncèrent, pendant la nuit, la porte de cet hôtel où il était couché, s'emparèrent de son carosse qu'ils jetèrent dans la Somme, et auraient infailliblement massacré ce conseiller, s'il ne fût parvenu à leur échapper, en escaladant les toits des maisons voisines.

Le *Marché au Fil* est situé en partie sur l'emplacement du château d'Amiens (1). L'abbé Daire fait remonter la fondation de cette forteresse au temps de César. Il ajoute que ce conquérant y plaça une légion romaine, commandée par le questeur Marcus-Crassus, * immédiatement après avoir vaincu les Amiénois et leurs alliés. Néanmoins, on assure qu'elle n'existait point alors. Antonin qui dédia la ville aux Dieux, Marc-Aurèle qui l'embellit, Constantin qui la repeupla, Julien qui y reçut de nouveau le titre d'empereur, Valentinien qui y proclama Auguste son fils Gratien (2), et y rendit une loi contre les enfants in-

___

(1) C'était, suivant Surius, *Turris excelsa, multis propugnaculis et mænibus adeò munita, at inexpugnabilis videretur.*

* Histoire d'Amiens, livre 1er. page 189.

(2) Nous ignorons dans quels manuscrits l'abbé Daire a vu que cette cérémonie eût lieu à l'endroit nommé le *Champ du Landy.* Ce passage d'*Idatius* semble prouver

grats, habitèrent ce château pendant leur séjour dans les Gaules. Le comte Cararic y résida également. On sait que c'est lui que les auteurs appellent, par dérision, *Petit Roi d'Amiens*, et que Clovis fit mourir, parce qu'il échappa au fils de ce comte de dire, en montrant ses cheveux, que ce prince l'avait forcé de se faire couper : » *Le tronc n'est pas mort,* » *les branches reverdiront* ». En 944, Louis d'Outremer céda cette forteresse à Herluin, comte de Flandres. Mais après la mort de ce seigneur, les Amiénois, au lieu de la remettre à son héritier légitime, la livrèrent au comte Arnoult, afin qu'il chassât du siége épiscopal le faux évêque Thibault. Dans la suite, les comtes d'Amiens, trop confiants en la force de ce château, crurent pouvoir en s'y retranchant, résister à l'autorité des rois de France, leurs souverains. L'an 1115, Louis VI, dit le Gros, vint assiéger en personne cette forteresse, où Thomas de Marles (1), le plus cruel d'entr'eux,

le contraire : « *Ipso anno* 367, *levatus est Gratianus* » *Augustus in Galliis apud* ambianos, *in tribunali, à* » *patre suo Augusto Valentiniano*». Cassiodore dit aussi que « *Gratianum filium Valentinianus* ambianis *impera-* » *torem constituit.* »

(1) On dit encore proverbialement, à cause de la mé-

s'était retranché , la prit par famine et la fît
démolir deux ans après. Ce monarque ne laissa
subsister que le cachot dans lequel St. Firmin
avait obtenu la palme du martyre , le 25 septembre 303. L'église construite en cet endroit,
fut appelée *St. Firmin-en-Castillon* , pour con-
server le souvenir du château détruit. Cette église
a été abattue depuis environ vingt ans.

On ignore l'époque précise où fut construit le
premier *Beffroi*. On y a toujours incarcéré, sous
l'administration du bailli et des prévôts. Réédi-
fié en 1409, il devint , au mois d'août 1552 , la
proie des flammes. Le guichetier n'ayant pu
descendre de la lanterne, pria le peuple ras-
semblé de lui tirer un coup de fusil. On lui
rendit ce triste service, après qu'il se fût recom-
mandé à Dieu. Le 16 avril 1742 , un nouvel
incendie dévora en seize minutes la flèche de
cet édifice. On la remplaça, en 1748 , par le
clocher qui existe aujourd'hui. Ce clocher est
moins haut de trente pieds que l'ancien ; il est
terminé par un dôme en charpente , surmonté
d'une lanterne , au-dessus de laquelle se trouve
une renommée de bronze. La tour du beffroi

---

chancelé de ce fils de l'usurpateur du comté d'Amiens:
Tu es un mauvais marle !

renferme trois étages voûtés. La plate-forme
sert de promenade aux prisonniers. L'horloge,
exécutée par Mauvoisin, sur les dessins du
célèbre Julien Leroi, passe pour un chef-
d'œuvre de mécanique. La grosse cloche pèse
vingt-deux milliers et son battant six cent trente
livres. Elle a été fondue dans la cour de l'Evê-
ché, le 2 août 1748, par les sieurs Cavillier
père et fils, dont les descendants exercent à
Amiens la même profession que leurs ancêtres.
Son diamètre est de sept pieds quatre pouces,
et sa hauteur de cinq pieds cinq pouces. On
lit sur cette cloche les noms de Louis XV, du
prince de Lorraine, du duc de Chaulnes, du
vidame d'Amiens, de l'intendant Chauvelin et
du maire François Galland.

CHAPITRE IV.

ⅮⅮⅮ✳ⅭⅭⅭ

RUE AU LIN. — PLACE Sᵀ. FIRMIN A LA PIERRE. —
RUE DE CONDÉ. — LE PORT. — PONT-Sᵀ.-MICHEL
ET CHATEAU-D'EAU. — BAS-VIDAME. — ÉGLISE Sᵀ.
JACQUES. — CASERNE CÉRISI. — RUE DU FOUR
DES CHAMPS. — COLLÉGE ROYAL. — HÔPITAL Sᵀ.
CHARLES. — PORTE ET FAUBOURG DE BEAUVAIS.

Ce fut dans la *Rue au Lin* que descendit, en
1465, le grand-maître des arbalétriers de
France, de Torcy, que Louis XI avait chargé
dé présenter au corps-de-ville le traité par lequel
ce monarque engageait Amiens au comté de
Charollais.

La *Place St. Firmin au val* ou *à la pierre*,
reçut cette dernière dénomination d'une large
pierre que le clergé y avait fait poser, en 1107,
pour perpétuer le souvenir du miracle qui s'é-
tait opéré en ce lieu, un jour qu'on portait
processionnellement la chasse du patron d'A-
miens. Une église se voyait à l'extrémité

de cette place. Durant les troubles occa-
sionnés par les factions du roi de Navarre,
Jean *de Picquigny* et le vicomte *de Poix*, irrités
contre le peuple d'Amiens qui s'était opposé à
ce qu'on mît en liberté leurs épouses que le
Régent, depuis Charles V, avait fait emprisonner, parce qu'il les soupçonnait coupables
d'intelligences secrètes avec les Navarrois, four-
nirent à ceux-ci le moyen de s'emparer de la
porte de la ville, tenant presqu'à cette église,
qu'ils pillèrent et brûlèrent. Elle fut depuis re-
construite; mais elle n'a pu échapper aux excès
révolutionnaires; il n'en existe plus aujourd'hui
aucuns vestiges.

Dans la rue de *Condé*, qui tout récemment
encore était appelée *Rue du Port*, on remarque
une maison flanquée de deux tourelles, assez
semblables à celles dont les châtelains et les
vidames décoraient leurs logis. Cette maison
appartient à M. Morgan, ancien maire de la
ville.

François Ier, la Reine son épouse, et plus
tard, le *Bon* Henri, s'embarquèrent au *Port
d'Amiens*, pour aller à Abbeville. Les arches
du *Pont St. Michel* (1), bâti en 1481, et par

_____

(1) Ainsi appelé, parce qu'on y voyait autrefois la
statue de cet archange.

lequel finit l'agrandissement de la ville, sous
Louis XI, présentent une singularité frappante:
regardées en face, elles paraissent former l'é-
querre, tandis que le pont se trouve construit
sur une ligne parfaitement droite. La dernière
des *cent tours* qui entouraient la ville, existait
encore en 1775, vers l'un des côtés de ce pont.
De l'autre côté, était un petit chemin conduisant à St. Maurice. Le vidame d'Amiens y avait
placé un homme pour recevoir *trois deniers* de
chaque passant. Les divers canaux de la Somme,
nommée par les auteurs latins *Samara* ou *So-*
mona, se réunissent près de ce pont en un seul
lit. Au mois d'octobre 883, les Normands qui
désolaient la Picardie, ayant remonté cette
rivière, surprirent tout-à-coup le camp du roi
Carloman, et l'obligèrent à prendre la fuite
avec son armée.

Sur la grève est le *Château-d'Eau*, gros pavillon surmonté d'un donjon et d'une plate-
forme en belvedère. Il fut construit l'an 1755.
La machine hydraulique qui élève les eaux à
quatre-vingts pieds de leur niveau, est d'une
simplicité admirable. Elle consiste en deux
corps de pompes foulantes et aspirantes, dont
les balanciers sont soulevés par des rouages
excentriques, fixés sur l'axe d'une roue à aubes,

mise en mouvement par l'un des bras de la Somme. On doit cette belle invention au Père Ferri, minime, et non au sieur *Riquier*, à qui l'on en a mal-à-propos attribué l'honneur.

La tradition nous apprend que Pierre L'Hermite (1) reçut le jour dans le *Bas-Vidame*. Malgré tout ce qui a été écrit contre ce solitaire, on le regardera toujours comme un grand homme. A sa voix, tous les peuples de la chrétienté prirent les armes, volèrent en Palestine, arrachèrent *Jérusalem* à la domination des Sarrasins, et y fondèrent un royaume dont la durée aurait été plus longue, si la division ne s'était mise parmi les croisés. On conserve à la bibliothèque une superbe traduction, sur velin, de l'histoire des croisades de Guillaume de Tyr, par Pajon. Ce manuscrit est orné de vignettes très bien peintes, représentant *Pierre L'Hermite* aux pieds du pape *Urbain* II, le départ des Chrétiens pour la Terre Sainte, leurs exploits et leurs revers.

Dans la rue *St. Jacques*, on trouve l'église sous l'invocation de cet apôtre. Cette église était hors de la ville, à l'époque de son dernier

(1) C'était, disent les anciens historiens, un personnage *staturâ pusillus, sed sermone et corde magnus.*

agrandissement. L'intérieur n'offre rien qui soit
digne de fixer l'attention, si l'on excepte pourtant un bénitier fort ancien, l'épitaphe des
sieur et dame Suranne, et un réglement bizarre
concernant les différentes manières de sonner
les cloches. En l'année 1581, la société des
Joueurs de cette paroisse, représentait encore
l'*Histoire de Tobie*.

La *Caserne* de cavalerie, construite en 1767,
fut d'abord destinée aux gardes-du-corps du
Roi, compagnie de Luxembourg, en garnison à Amiens depuis 1765. Cette caserne a
remplacé l'hôtel de *Cérisi*, dont elle porte encore le nom. Sa façade, quoiqu'un peu massive,
est estimée des connaisseurs.

Il est fort douteux que les Romains ayent
eu, comme on le prétend, des fours dans la
Rue du Four-des-Champs, et qu'ils y aient fait
cuire le pain de leurs soldats. Un antiquaire de
la ville, M. Ledieu, pense qu'il n'a existé, dans
cette rue, que des fours banaux.

Au coin de la rue *des Lirots* (1), on remarque
le *Collége Royal*, autrefois abbaye de St. Jean.

---

(1) On fait dériver le nom de cette rue du mot *Lirot*,
surnom donné par le peuple d'Amiens aux villageois
qui viennent à la foire de la St. Jean, et qui s'y laissent
attrapper.

Étienne de Faye , sourd et muet de naissance, en traça le plan vers le commencement du 18ᵉ siècle. Dans l'église que renfermait cet édifice, et qui a été détruite, était une vierge en marbre blanc d'un travail achevé. (1) Le grand Condé en avait fait présent aux Prémontrés ; par reconnaissance de ce que le frère Norbert, l'un de ces religieux, lui avait prédit qu'il gagnerait la bataille de Rocroi, si, au moment de la livrer, il adressait ses prières à Marie, et lui promettait une image. Ce héros n'oublia point d'invoquer la reine des cieux, et gagna, en effet, cette bataille que Bossuet a décrite avec tant d'éloquence dans son oraison funèbre. L'abbaye de St. Jean , fut successivement le siége du district et de l'école centrale, à laquelle succéda au mois de novembre 1806, le lycée qui reçut, en 1815, le titre de *Collège Royal*. L'éducation du lycée était, en grande partie, militaire, ou du moins, environnée de formes militaires. Mais depuis la restauration, l'enseignement est redevenu au collége royal ce qu'il devait être. Les professeurs justifient le choix qui les y a placés, par

_____

(1) Cette magnifique statue se trouve aujourd'hui dans la cour de la maison de feu Mʳ. Bruno-Vasseur, rue des Trois-Cailloux.

des talents distingués et des principes éminemment purs. La vocation naturelle des
jeunes-gens n'y reçoit aucune influence. Ils
sortent de ce bel établissement pour embrasser
le genre de profession auquel leurs goûts, leurs
facultés, et l'intention de leurs familles, les
destinent. (1)

A quelques pas du collége, on atteint la
grande rue de Beauvais, où l'on voit avec intérêt
l'Hôpital général St. Charles, fondé par Antoine
Louvel, curé de St. Remi. Les bâtiments
furent agrandis, avec le produit d'une loterie
que l'évêque Feydeau de Brou avait été auto-
risé à faire. Dans l'église, un groupe, digne
ouvrage du ciseau de Cressent, représente
l'Assomption de la Vierge. On a réuni à cet
hospice l'un de ces établissements salutaires que
St. Vincent-de-Paul, ce philosophe chrétien
et vraiment inspiré du Ciel, créa pour prévenir
les infanticides. Les enfants abandonnés y
sont reçus et confiés à des nourrices, aux
frais de l'Etat.

La *Porte de Beauvais* rappelle quelques souvenirs historiques. Nos Rois faisaient leur entrée solennelle par cette porte. On y dressait

_____

(1) L'ouverture du cours de chimie du collége royal,
eut lieu le 5 février 1821.

un arc de triomphe , sous lequel ils étaient
reçus par les autorités ecclésiastiques , civiles
et militaires , qui leur présentaient les clefs de
la ville , après les avoir harangués. En 1583 ,
une procession de plus de trois mille *pénitents-
blancs* , venant de Breteuil , parut devant la
porte Beauvais , et fut conduite , en grande cérémonie , à la Cathédrale. Daire * et Rivoire **
s'accordent à dire que , lors de la reprise
d'Amiens, le marquis de Montanégro sortit par
cette porte , à la tête des Espagnols , et qu'il
y adressa à Henri IV, dont il baisa la botte ,
ces paroles mémorables : « *Sire , je remets*
» *en vos mains une ville qui est maintenant à*
» *bon droit votre* ». Cette assertion est in-
exacte ; car l'auteur de la décade de ce grand
Roi , nous apprend que la garnison espagnole
défila , avec ses armes et bagages , par la porte
de *Montre-Ecu.*

Les pélérins de Notre-Dame-des-Vertus atti-
raient , jadis , le mardi de Quasimodo , une
foule de personnes dans le *Faubourg de Beauvais,*
où l'on fait encore maintenant battre les coqs ,
le jour du Jeudi - Gras. Ce divertissement

---

* Histoire d'Amiens , tome 1ᵉʳ. page 592.
** Précis historique de la reprise d'Amiens, page 41.

était autrefois fort en usage en France (1) ;
on l'appelait la *guerre des coqs*. Un concile
le défendit, parce qu'on y perdait trop d'argent.
On pariait alors des sommes énormes, en
faveur du coq qu'on supposait capable de
vaincre son adversaire.

_____

(1) Il a continué de l'être en Angleterre.

CHAPITRE V.

PLACE D'ARMES. —RUE DE DELAMBRE. —RUE ROYALE, SAINTES-MARIES, HÔTEL DE LA PRÉFECTURE, AR- SENAL, FEUILLANS ET BIBLIOTHÈQUE. —FONTAINE DES RABUISSONS. — ÉGLISE DES CORDELIERS. — RUE DE BOURBON. — HALLE AU BLED. —ABBAYE DU PARACLET. — COUVENTS DES URSULINES ET DES JACOBINS.

L A *Place d'Armes*, nommée aussi place de *Périgord* (1), était d'abord traversée par la *grande chaussée* et coupée par les murailles et les fossés de la seconde enceinte de la ville. A la suppression de ces ouvrages, le terrein en fut aplani et vendu l'an 1525, pour payer la rançon de François 1er., fait prisonnier à Pavie *. La

(1) Du nom du duc de Périgord, qui était gouverneur de Picardie, lorsque la duchesse de Mailly, sa fille, posa la première pierre de cette place. D'après le plan, elle aurait dû être en ovale et formée de six façades du même genre que celle de la maison habitée par M. Auguste Caron, imprimeur.

*. Baron not. hist. sur Amiens.

3

porte de longue Maisière, (*longa Maceria*) et le jardin des arquebusiers de la ville, se trouvaient dans le voisinage. En 1476, Louis XI fixa une étape de bled sur cette place, ce qui la fit appeler *Marché au bled.* Sous la République, elle reçut le surnom de place de la *Concorde* et il avait été alors décidé, qu'on érigerait au milieu une colonne départementale, à la gloire des militaires morts aux armées (1).

A la place de Périgord, aboutissent six rues : entr'autres, celle de la Viéserie, qui, le 14 décembre 1822, a quitté ce nom pour prendre celui du premier astronome de l'Europe, de M^r. Delambre (2) ; il naquit dans cette rue et dans la maison n°. 44. « On ne peut qu'ap-
» plaudir au zèle des citoyens qui ont provoqué
» cet hommage à l'un de nos plus illustres
» compatriotes, et à la sagesse de l'adminis-
» tration qui l'a secondé. Les hommes qui
» portent les sciences utiles aussi loin que
» M^r. Delambre a conduit celle à laquelle il
» consacra sa vie toute entière, sont les

---

(1) Le dessin de cette colonne est aux archives du département.

(2) L'Académie d'Amiens a proposé pour sujet du prix d'éloquence de 1824 l'éloge de ce savant. Le prix a été décerné à M. Neuveglise, avocat, et l'accessit à M. Warmé fils, parent de M^r. Delambre.

» bienfaiteurs de l'humanité. L'hommage rendu
» à leur mémoire n'est que l'acquit d'une dette
» sacrée ; et l'honneur qu'on leur fait, en
» attachant leurs noms aux lieux de leur
» naissance, *. rejaillit sur les villes mêmes qui
» leur ont donné le jour ** ». Depuis quelques
années, la rue de la *Viéserie* n'était plus,
comme autrefois, la demeure exclusive des
fripiers et des brocanteurs. Sous ce rapport,
ce nom ne pouvait plus lui convenir. De su-
perbes boutiques de modes, de nouveautés et
de parfumerie, s'y font à présent remarquer.

Dans la rue jadis connue sous le nom de rue
des *Rabuissons*, et sous celui de rue *Royale*, depuis le séjour que Louis XVIII y fit, en 1814,
lorsqu'il quittait la terre d'exil pour rentrer dans
ses états, on apercevait d'abord le monastère
des *Saintes-Maries*; qui fût démoli en l'année
1823, afin de former l'impasse de ce nom.
Cette communauté était le réfuge des femmes
infirmes, aveugles et *contrefaites*. Parmi ses reliques, on remarquait des cahiers écrits de la
main de St. François de Sales, et relatifs à

_____

*. Ces réflexions s'appliquent également à Gresset,
dont le nom décore aujourd'hui les anciennes rues des
Fossés St. Méry et des Carmes.

**. Miroir de la Somme du jeudi 19 décembre 1822.

l'interprétation mystique de l'échelle de Jacob.
On voit plus loin l'hôtel de l'intendance ou
de la *Préfecture*. Cet hôtel, construit vers 1761,
devait être beaucoup plus vaste et ne comprend
que le quart environ de l'emplacement qui lui
était primitivement assigné. La guerre de *sept
ans* épuisa la majeure partie des fonds destinés
à sa bâtisse, et l'on fut forcé d'en restreindre
l'étendue. *L'Arsenal*, entrepris sous le régne de
Henri II, a été rétabli l'an 1636, et désigné,
en 1810, pour chef-lieu à l'Académie-Univer-
sitaire d'Amiens. La maison des *Feuillans* avait
des cloîtres voûtés d'une façon toute particu-
lière. Elle sert aujourd'hui à la tenue des
assemblées électorales et au dépôt des archives
du département. Ces archives contiennent
quantité de chartres, notamment divers titres
de l'abbaye de Corbie, qui fourniraient
d'excellents matériaux à quiconque essayerait
d'en écrire l'histoire. La *bibliothèque communale*
a remplacé le couvent des religieuses de
Maurocourt (1), lequel relevait immédiate-

---

(1) On leur donna ce nom, parce qu'elles habitaient le
prieuré de Notre-Dame de Maurocourt près du village de
l'Étoile, avant de se retirer à Amiens. La crainte des dan-
gers qu'elles couraient en temps de guerre, dans ce
prieuré, les engagea à le quitter.

ment du saint siége. La première pierre de cet
édifice, dont le péristile est de fort bon goût,
fut posée le 23 août 1823. Malgré la restitution
faite au marquis de Vérac, ancien émigré, à la
fin de 1816, de 5,400 volumes, cette bibliothèque ne renferme pas moins encore nombre
d'ouvrages intéressants et de grande valeur. Elle
se compose d'environ 36,000 volumes, parmi
lesquels on distingue une description de l'Égypte
ayant plus de 900 gravures. Les manuscrits, au
nombre de quatre cent cinquante, sont des 9°.
10°. 11°, et 12°. siécles ; ils traitent presqne tous
de la jurisprudence, de l'histoire et de la théologie. M. Leprince aîné a bien voulu se char-
ger gratuitement de la reliure de ces manuscrits,
et n'épargne ni soins, ni dépenses, pour la rendre
digne d'un aussi bel établissement. On désire
généralement l'impression du catalogue des
ouvrages dont cette bibliothèque sera compo-
sée (1). Combien de livres rares restent sans
lecteurs, parce que leur existence est presque
entiérement ignorée ! On espère aussi que les
bustes des gens de lettres et des savants à qui
la ville d'Amiens a donné le jour, occuperont
incessamment les niches de cet édifice et que
sur son fronton sera inscrit un distique dans le
genre de celui-ci :

(1) M. Delahaye, bibliothécaire, a préparé ce catalogue.

« *Corporis immensò dùm victum et commoda curat*
» *Hic animis doctas urbs quoque pandit opes.*

La fontaine publique des Rabuissons ne semble pas atteindre le but que s'était proposé l'ingénieur qui l'éleva en 1778. L'eau qu'elle reçoit n'est pas assez abondante pour remplir le bassin en coquille placé au-dessous de la Naïade, et retomber en cascades sur le rocher qui la soutient.

A droite de la rue royale, se trouve celle d'*Angoulême*, autrefois rue des *Cordeliers*. On y remarque l'ancienne église des religieux de cet ordre, maintenant nommée Église de *Saint-Remi*, comme remplaçant la paroisse du même nom. Cette église a été bâtie à plusieurs reprises pendant le 15e. siècle, et renferme le superbe mausolée du connétable de Lannoy (1) et de Jeanne Muturel, son épouse. Il est en marbre blanc, noir et jaspé, s'élève à une hauteur de plus de trente pieds, et égale en magnificence les tombeaux de nos Rois. Le célèbre sculpteur Blasset, natif d'Amiens, l'exécuta en l'année 1632. L'artiste a représenté au fond de l'arcade de ce monument M. et Mme de Lannoy, nuds,

---

(1) Le casque et la cuirasse de ce Seigneur sont a la Bibliothèque.

dépouillés du faste de la grandeur, et couverts des ombres de la mort. Sur le plinthe qui régne au-dessus, paraissent les mêmes personnages à genoux et habillés à la mode du temps où ils vivaient. Des vers latins, des emblêmes et les armoiries des défunts embellissent encore ce cénotaphe (1). La chapelle de Notre-Dame de bon secours, aujourd'hui *autel privilégié*, est ornée de deux bas-reliefs provenant de Dom Caurie, prévot de Corbie. Le premier représente la cène, et le second l'adoration des Mages. Ce dernier attire les regards des curieux par le grand nombre de figures qu'on y voit. L'Église des Cordeliers cessa d'être consacrée au culte lorsqu'il fut proscrit. Un directeur de cirque, accompagné d'une troupe de sauteurs, ne tarda pas à s'y installer, et l'on n'en dût la conservation qu'à Mme. Brunel qui l'acheta et en fit don à la fabrique. En 1822, elle a été entiérement recouverte par les soins de Mme. Herbet de Lisbonne. On lisait autrefois à l'entrée, l'épitaphe d'un certain quêteur des Cordeliers, ainsi conçue :

« Ci gist entre ces deux piliers
» *Le Franc*, quêteur des Cordeliers.
» Qui, cor bien qu'il soit trespassé,

---

(1) On prétend que ce tombeau est vide et que les corps de M. et de Mme de Launoy reposent ailleurs.

» Ne cesse de rompre la teste
» Aux passants, en faisant quête,
» D'un *requiescat in pace.*

L'abbaye du *Paraclet*, le couvent des *Ursu-*
lines et celui des *Jacobins*, étaient dans la rue
de Bourbon, (ci-devant rue *des Jacobins*), où
l'on voit la *halle au bled*, édifice moderne entrepris vers 1782 par le sieur Genty, et très-bien
distribué.

On dit que le *Paraclet* fut édifié en 1648,
près de l'endroit où S^{te}.-Ulphe s'était retirée
jusqu'à l'établissement de sa communauté de la
rue des Vergeaux. Les religieuses de cette abbaye portaient des surplis et des aumusses,
comme les chanoines.

Le monastère des *Ursulines* construit dans la
même rue, était un des plus beaux que l'on vît
en France. L'Église, commencée sous l'épisco-
pât de M. Lefebvre de Caumartin, offrait un
riche assemblage de peintures et de dorures. Ce
fut la mère S^{te}.-*Madeleine*, fille du fameux
peintre Warin, originaire d'Amiens, qui ébau-
cha les tableaux du sanctuaire, et les sœurs
Béquerel, Cantraine et Ducroquet, ses élèves,
qui les achevèrent. Le crucifix du chœur était
peint avec un art qui lui donnait tout le relief
de la sculpture. Huit colonnes de pierres pré-

cieuses soutenaient le tabernacle de l'autel, et
surpassaient en délicatesse tout ce que l'on pouvait imaginer de mieux travaillé. La reine Anne
• d'Autriche , étant venue voir les broderies des
religieuses, leur fit présent de mille écus,
qu'elles employèrent à augmenter les décorations de leur église. En 1793, elle fut convertie
en maison d'arrêt où l'on enfermait une foule de
personnes arrêtées en exécution de décrets révolutionnaires. Plus tard, on en fit un hôpital
ambulant et enfin un magasin dépendant de
la caserne de la gendarmerie. Dans le cours de
1817, quelques anciennes religieuses achetèrent
une partie du bâtiment qui avait servi d'atelier
au génie militaire, pour y relever leur institution.

Les *Jacobins* furent établis à Amiens par Louis
IX, en 1243. Le terrein qu'occupait leur couvent est en partie couvert par la belle maison
qui tient à l'auberge du soleil d'or. L'église ne
présentait aucune régularité dans son architecture : une chaire en baldaquin, un autel à la
romaine, une grosse cloche donnée par Saint-
Louis, étaient les seules raretés qui s'y trouvaient. En 1595, Henri IV ordonna d'enlever
un tableau injurieux que les membres de la confrérie du *Royaume renouvelé* s'étaient permis d'y
placer postérieurement à la réduction de la ville

à son obéissance. Des joutes eurent lieu derrière
ce couvent en 1329, quelques jours après l'hommage rendu à Philippe de Valois par Édouard,
comme duc de Guyenne. Les barons de la suite
du monarque anglais y rompirent des lances
avec nos chevaliers ; Édouard et sa cour, Philippe et les deux reines veuves de Philippe-le-
Long et de Charles-le-Bel, les Rois de Bohême
et de Navarre, les ministres et les douze pairs
de France, assistèrent à ces jeux guerriers.

CHAPITRE VI.

ANCIEN COLLÉGE.— PRIEURÉ ET CIMETIÈRE DE
S^T. DENIS.

Lᴇ *Collége*, qui sert aujourd'hui de caserne,
fut destiné principalement à l'instruction des
pauvres clercs. Il fleurissait dès le 14me. siècle,
et les jeunes-gens des villes circonvoisines, des
abbayes et communautés y venaient en foule
étudier la langue latine, encore fort en usage.
En 1593, le corps-de-ville accepta la proposition
que lui firent les *Jésuites* de diriger le Collége
d'Amiens, à condition qu'ils entretiendraient
les *Capettes* ou écoliers indigents (1), et que le
chapître en aurait toujours le gouvernement.
Durant les calamités publiques, ce collége, où
l'on enseignait les humanités, la rhétorique,
la philosophie et la théologie, restait fermé en
signe de deuil : c'est ainsi qu'il le fut lors des

(1) Ils logeaient dans le bâtiment voisin, appelé encore
pour cette cause *les Capets*.

pestes terribles des années 1482, 1633 et 1668. La veille de S^t.-Luc, le régent allait à l'hôtel-de-ville saluer le mayeur et les échevins, et les invitait à assister au discours qui se prononçait à l'ouverture des classes. Comme les Jésuites faisaient précéder **ordinairement** cette ouverture de dialogues en proses ou en vers [*], on recourait au génie de ces pères, quand il s'agissait de décorer *d'anagrammes* les théâtres qu'on dressait autrefois sur le passage de nos Rois, à leur entrée solennelle à Amiens (1). Les fêtes célébrées en pareille circonstance causèrent tant de plaisir à Louis XIII, qu'il engagea le maire à lui en envoyer le détail *par écrit,* de même que celui des réjouissances qui avaient lieu aux sacres, et aux mariages des Souverains.

Après l'expulsion des Jésuites, l'université plaça dans le collége des professeurs du plus

---

[*]. HDL. Considérations sur les progrès des sciences, arts et belles-lettres à Amiens, p. 37.

(1) A l'entrée d'Henri IV à Amiens, maître Louis Andrieu, principal de ce collège, fit représenter sur le théâtre dressé au milieu du Marché au bled un Hercule combattant et mettant à mort l'Hydre de Lerne, avec cette anagramme :

Henricus Borbonius

« *Heros robur vincis.* »

V. de la Morlière, antiq. d'Amiens, liv. 3, p. 369 et 370.

tare mérite , parmi lesquels on comptait le
poëte *Delille*, surnommé à si juste titre le *Vir-*
gile français, l'abbé *Sélis* et M. *Gossart*, depuis
avocat. Les Gresset, les Delambre et autres
écrivains distingués, y reçurent leur première
éducation. Le collége d'Amiens fut détruit l'an
1358, comme le faisaient connaître ces rimes
gauloises qu'on ne déchiffrait déjà plus qu'avec
peine du temps du chanoine de la Morlière,
auprès de la porte de cet édifice :

> L'an mil trois cens, si com je truis,
> Et cinquante huict fu destruis
> Chis lieus, et puis fut il refais
> Trois ans après par les Laiz faicts,
> Du tiers des biens maistre Guillaume
> Le Barbier, qui de Nostre Dame
> Fu Canoine (1) et Penanchier (2),
> Et du Vuesque (3) Tenutanchier,
> Qui fu officiaux longtemps,
> En avril qui bien est comptans,
> Leu 21 moru chieus
> S'ame soit reçu ès chieux.

Les deux aîles des bâtiments actuels sont de
construction moderne ; mais le principal corps
de logis existait avant la venue des Jésuites.

---

(1) Chanoine ;
(2) Pénitencier ;
(3) De l'évêque.

L'administration du collége se proposait de le faire rétablir, lorsque l'argent amassé à cet effet fut pris pour acheter des subsistances en 1789.

Presque vis-à-vis le collége, on voit les vestiges de l'église qui en dépendait. Cette église était l'ancien *prieuré de St. Denis-des-Prés*, fondé par Roricon, vicomte d'Amiens, en 985. Surius en fait mention comme d'un asile respectable où les religieux, protégés par le vidame Guérmond, retirèrent les effets les plus précieux des habitants de cette ville, lors de leurs différents avec Enguerran de Boves, dont ils désiraient secouer le joug (1). Le corps de St.-Félix, que le cardinal Ottoboni avait envoyé de Rome au P. Michel le Tellier, confesseur de Louis XIV, et celui d'Antoine de Lameth, chambellan de Louis XI, reposaient dans cette église dont on a fait un chantier.

Le *Cimetière de St. Denis* n'en est séparé que par un mur. En y entrant, on éprouve un frémissement involontaire. Les curieux regrettent que le mausolée de la famille Hémart soit mutilé, et que des pièces de bois dérobent aux regards les beaux restes de ce chef-d'œuvre de Blasset.

---

(1) *Sæviebat enim per id tempus seditio et bellum intestinum et sicarii passim toto oppido vagabantur magnum omnibus terrorem afferentes* . (Surius *in vit. s^ti. god*).

Le crucifix devant lequel se trouvait la statue du vénérable évêque M. Delamothe, était placé près de la muraille semi-circulaire que l'on découvie vers le milieu du cimetière. On lit encore ces mots que le prélat y avait fait tracer :

IL M'A AIMÉ...... IL S'EST LIVRÉ POUR MOI (1).

Le grand cloître offre un aspect mélancolique. Les diverses inscriptions qu'on y voit pénètrent l'âme d'un sentiment religieux. On chercherait aujourd'hui très-inutilement dans ce cimetière la peinture de la surprise d'Amiens : elle a disparu depuis long-temps, et la tradition ne nous en a gardé que le souvenir ; mais on doit aux soins d'un antiquaire de cette ville, la conservation de la pierre (2) des trois clercs, condamnés injustement par le bailli Geoffroi de Milly.

_____

(1) C'est en cet endroit qu'eut lieu, le 14 avril 1825, la plantation de la croix de la Mission. Tout ce que les cérémonies religieuses présentent de plus pompeux, était réuni à celle-ci. M. Guyon, l'un des missionnaires, y rappela les vertus du P. Firmin que la faux révolutionnaire frappa, lors des malheurs de la France et qui fut inhumé contre l'un des piliers du cloître par lequel on entre dans ce cimetière.

(2) Elle est déposée dans l'avant-cour de la bibliothèque. Anciennement le maire d'Amiens allait faire amende honorable sur cette pierre, le cou ceint d'une corde. Plus tard, un cordon de soie remplaça ce sinistre emblème.

C'était au centre de cet antique dépôt des générations passées que les élèves de rhétorique venaient autrefois déclamer le jour de la Toussaint des *odes* ou *ballades* à la louange des trépassés, et que les Rois de France touchaient les habitants d'Amiens attaqués d'écrouelles. Louis XIII les y toucha le 15 mai 1632, en présence des cardinaux de Richelieu et de Lyon. On y considère maintenant avec intérêt le caveau d'où furent exhumées les cendres du chantre de *Ver-vert* (1) : honneur insigne et dont il a seul joui entre plus de trois cents mille morts qui ont obtenu la sépulture dans ce vaste enclos. Quelques épitaphes fort singulières contrastaient jadis avec la tristesse de ce lieu. On nous permettra d'en rapporter quelques-unes, propres à faire connaître l'esprit du temps où elles furent composées. On lisait celle-ci, sur la tombe d'une *fille majeure de 79 ans :*

> Ci gît Mayon Fourré
> Qui garda sa virginité
> Tant l'hyver que l'été,
> *Requiescat in pace.*

---

(1) M. N. Delamorlière composa une pièce de vers sur la translation des restes de ce poëte, à la Cathédrale. Cette pièce remporta le prix de poësie décerné par l'académie d'Amiens, qui, peu de temps après, reçut l'auteur au nombre de ses membres.

Ailleurs on voyait celle de

   .... Janotin Épifane
   Qui toudis battait fort sa femme,
   Il n'avoit d'autre vice en lui ;
   Pour ce, Dieu lui fasse merci.

Et plus loin celle de

   Jacques Hémart boen varlet ,
   Toudis armé et toudis prest ,
   Avec bonnet sur sa caboche
   Et des éprons à ses galoches.
   L'an 1500 et un quartron ,
   Il fut tué par un Bourguignon *.

---

*. *V*. l'Histoire littéraire de la ville d'Amiens.

CHAPITRE VII.

❧❧❧✳❦❦❦

SALLE DE SPECTACLE. — LOGIS-DU-ROI. — TOUR
DU GARD. — RUE SIRE FIRMIN-LE-ROUX. — RUE
ET PAROISSE S^T. REMI. — CÉLESTINS ET COLLÉ-
GIALE DE S^T. NICOLAS.

La façade de la *Salle de spectacle*, située rue
des Trois-Cailloux (1), fait honneur à M. Car-
pentier, sculpteur d'Amiens. La coupe inté-
rieure forme un ovale et se divise en trois rangs
de loges qui, n'étant séparées par aucuns piliers, n'offrent point d'obstacle au développement de la voix des acteurs. Cette salle fut
construite dans le cours des années 1778 et
1779, et couta 180,000 francs. On y joua,
pour la première fois, le 21 janvier 1780 (2).

---

(1) On l'appela d'abord rue de Longue-Maisière, ensuite rue du Beau-Regard, puis rue des Fossés, parce
qu'elle occupait la ligne des anciens fossés de la ville.

(2) La comédie de *Sidnei*, fut l'une des pièces qu'on
représenta.

L'ancien rideau d'avant-scène, peint par Sar-
rasin, décorateur de l'Opéra, portait cette sentence sur la comédie, que Santeuil donna,
dans un moment de bonne humeur, à Domi-
nique, directeur du Théâtre italien :

« CASTIGAT RIDENDO MORES. »

La nouvelle toile qui ferme le théâtre, est
ornée des armes de la ville et des portraits
d'*Eschyle*, de *Gresset* et d'*Aristophane*.

Le *Logis-du-Roi*, contigu à la salle de spectacle, fut bâti (1) par ordre de François Ier. Ce
monarque, après avoir renoncé au projet qu'il
avait conçu de l'habiter lui-même, le laissa
pour demeure aux gouverneurs d'Amiens. Le
comte de St. Pol, l'un d'eux, s'enfuit de cet
hôtel en pourpoint, l'an 1597, dès que, du
haut des tours, il eût reconnu l'écharpe rouge
des Espagnols, déjà maîtres de la basse-ville.
Le prince Charles, autre gouverneur, céda,
en 1748, le terrein voisin à une société de
musiciens qui y firent construire une salle, où
ils donnèrent des concerts tous les quinze jours.
Pendant les orages de la révolution, des *Clu-
bistes* s'emparèrent de cette salle. Elle se trou-

---

(1) Sur l'emplacement de l'hôtel des *Trois-Cailloux*,
dont la rue des Trois-Cailloux a depuis retenu le nom.

4*

vait derrière le café de la comédie, et n'existe plus depuis vingt-sept à vingt-huit ans.

Au fond de la maison de feue M^dlle Jacquin (1) est la *Tour du Gard*, ou aux Coulons. On lisait l'inscription suivante sur l'une de ses faces, au pied de l'image St. Nicolas :

« Cette tour a été faite des biens de Misielle
» Isabeau du GARD, qui fust femme de
» Sire Jacques D'EMBREMEU, en l'an m.il IIIIe.XIX. »

Selon M. Ledieu, on a une idée précise de la largeur et de la direction de l'ancien rempart que cette tour flanquait, en considérant du côté de l'est et du côté de l'ouest, ses parties plates, sur toute la hauteur de leur perpendiculaire. On la traversait par les ouvertures latérales qui subsistent encore, pour circuler autour des remparts.

La rue *Sire Firmin-le-Roux* n'était anciennement qu'une cour joignant le rempart, et dans laquelle demeurait le mayeur qui lui a légué son nom. Les chapelains de la grande église (2) y avaient aussi une habitation commune, au milieu du 17e. siècle. Une pierre qu'on déterra, en creusant près de cette cour, mit long-temps

(1) Rue des Trois-Cailloux.
(2) La Cathédrale.

à la torture l'esprit des Antiquaires d'Amiens,
Elle portait ces mots, gravés en lettres gothiques :

« Chy à costé est l'entrée de la latreine qui a 17 pieds
» de fonds sur le pavé des offices de Rictiovare. »

ce qui leur fit conjecturer que le *Petit Châtelet*(1)
situé vers la rue des Sergents , pouvait avoir
été la demeure de ce préfet des Gaules , que les
martyrologes et la vie des Saints nous repré-
sentent comme un cruel persécuteur des Chrétiens , sous l'empire de Dioclétien.

La *Rue St. Remi* est renseignée dans plusieurs titres , sous le nom de rue de la *Vieille
Monnaie* , nom qui indique assez que l'on battait monnaie à Amiens , dès le temps le plus
reculé. Au reste , une médaille de l'Empereur
Magnence , des pièces de *Charlemagne* et de
Charles-le-Chauve , sur lesquelles se trouvent
ces légendes : « AMB. S^{TI}. FIRMINI » , et
« AMBIANIS CIVITAS » , ne permettent pas
d'en douter. En 1311 , la ville avait encore le
droit de battre des jettons. Un arrêt du 20 janvier 1586, la maintint dans ce droit. Philippe-
Auguste , après avoir réuni Amiens à la cou-

(1) Cette forteresse comprenait , d'après M. Ledieu ,
tout le pourpris de l'îlot de maisons , formé des rues
des Crignons , des Sergents , et de partie de celle des
Trois-Cailloux.

ronne , ordonna qu'il y fût frappé des pièces
portant d'un côté le mot AMBIANIS , et de
l'autre ceux-ci : PAX CIVIBUS TUIS *. On y
fit , à l'occasion du mariage de l'infortuné
Charles VI avec Isabeau de Bavière, des médailles où paraissaient deux amours qui se re-
gardaient et tenaient chacun un flambeau ,
avec cette devise au bas :

« Dum similis respondet amor tœda unica binis. »

On sait , d'ailleurs , que par lettres patentes
du 28 septembre 1577 , Henri III établit à
Amiens un hôtel des monnaies. La marque
des espèces qui en sortaient, était la lettre X.
Cet hôtel est le bâtiment où M*. Sujol a ,
depuis plusieurs années, formé un pensionnat.

Dom Martin *Bouquet,* qui recueillit tout ce
que les historiens avaient écrit sur les Gaules et
les premiers siècles de la monarchie française ,
reçut le baptême dans l'*Eglise paroissiale de St.
Remi,* autrefois l'une des plus considérables de
la ville. On y découvrit dernièrement l'épitaphe
du fils d'un ancien mayeur appelé *Lemognier ,*
nom tiré de la charge d'officier de la monnaie,
qui avait toujours été possédée par cette famille
dite *Monetaria.* Chaque année, le 9 août, il se
faisait à St. Remi une procession pour des *cierges*

---

* *V.* Ducange, Hist. manusc. des Comtes d'Amiens,

voués à St. Antoine, que l'on portait ensuite à Conty.

En retrogradant, on gagne le cloître de la Barge, et l'on voit les restes de l'église du *Couvent des Célestins*, bâtie par Michel-Ange Caristi, architecte italien, en l'année 1732. Quoique presqu'entièrement détruit, le portail ne laisse pas que d'offrir encore bien des beautés, par l'élégance de son architecture. Cette église avait remplacé l'ancienne abbaye de *St. Martin-aux-Jumeaux*, qui n'était, dans le principe, qu'une chapelle nommée, par Grégoire de Tours, *Oratorium à fidelibus œdificatum* (1). Des filles pieuses l'avaient fait élever, l'an 506, à côté de la porte de la ville (2) où St. Martin,

---

(1) On lit encore, aujourd'hui, ces mots sur une petite table de marbre noir, au haut de la porte d'entrée de l'église des Célestins :

« *Domus mea, domus orationis vocabitur.* »

(2) La *Porte-aux-Jumeaux*, donnant vers la grande route qu'Agrippa, favori d'Auguste, avait fait tracer, pour conduire de Lyon à Boulogne, et au-dessus de laquelle étaient les figures de Remus et de Romulus.

De la Morlière prétend que l'abbaye de St. Martin fût dite *aux Jumeaux*, parce qu'elle tenait à la collégiale de St. Nicolas; mais l'on doit plutôt croire, avec Daire, que ce surnom lui vint de la *Porte-aux-Jumeaux*, dont elle occupait le sol.

lors catéchumène , divisa son manteau ,
comme on l'a dit précédemment, l'an 337. Ce
trait insigne de charité se trouvait rappelé en ces
termes sur les lames d'un piédestal en cuivre,
qu'on remarquait autrefois au milieu de l'église :

> « En l'an trois cent ajoutez trente-sept,
> » Saint-Martin chy divisa s'en mantel » .

L'abbaye de St.-Martin était un de ces
lieux révérés où la piété voulait que plusieurs
miracles eussent éclaté. Le 23 novembre 1472,
le maréchal de Loheac y manda les mayeur et
échevins, pour leur recommander au nom de
Louis XI, de se mettre à l'abri de toute surprise de la part du duc de Bourgogne. En l'année 1634, les *Célestins* prirent possession de
cette abbaye (1), le marquis d'Ancre ayant fait
démolir leur couvent, à cause de sa trop grande
proximité de la citadelle. Trois ans après la
suppression de l'ordre des Célestins en France,
l'évêque de Machault transféra dans le monastère des religieux de cet ordre, qui résidaient à
Amiens, les chanoines de la collégiale de St.
Nicolas, et ensuite il y établit un petit séminaire. A l'époque de la révolution, les bâtiments

---

(1) Les religieux de l'ordre de Ste. Geneviève furent
alors logés dans l'hôtel des *Douze Pairs de France*,
grande rue de Beauvais.

restèrent inhabités. En l'an III, le tribunal ci-
vil du département y fut installé, et aujourd'hui
le tribunal de première instance, ainsi que la
Cour royale y donnent leurs audiences. L'inau-
guration du portrait en pied de S. M. Louis
XVIII, exécuté par Robert Lefevre, premier
peintre du cabinet du Roi, a eu lieu le 25 août
1822, dans la grand'chambre de cette Cour.
Le premier président actuel est M. le marquis
de Maleville, pair de France, membre de la
société royale des antiquaires, magistrat qui
réunit à une profonde connaissance du droit,
une vaste érudition dans l'histoire ancienne,
sacrée et profane. On a de lui les *Benjamites
rétablis en Israël*, poëme où l'on trouve la grâce,
la noblesse et la grandeur de l'Écriture sainte (1).
M. Morgan de Béthune, procureur général,
s'est fait remarquer par son dévouement à défendre d'illustres proscrits (2) dans des temps
difficiles, et par son amour, pour l'auguste
dynastie des Bourbons.

C'est dans l'église *St. Nicolas*, dont l'emplacement est devenu un magasin de bois, qu'en

_____

(1) Le savant David Berr a rendu un compte fort
avantageux de cet intéressant ouvrage.

(2) Les naufragés de Calais, *V.* les mémoires de M. le
duc de Choiseul.

l'année 1193, *Philippe-Auguste* épousa *Ingelburge*, qu'il fit couronner le lendemain par Guillaume de Champagne, archevêque de Reims.
Cette princesse conserva toujours pour Amiens
une grande affection ; et ses chagrins, nés le
jour même de son mariage, sont rendus d'une
manière fort touchante dans sa correspondance
avec le chapître de la Cathédrale, correspondance que contiennent les cartulaires déposés
aux archives de la Préfecture. Les statues de
Philippe-Auguste et d'Ingelburge se voyaient
sous le portail de cette église (1). Autrefois le
pélérin qui revenait de la ville de Myre en
Lycie dont St. Nicolas avait été évêque, était
introduit dans la même église, par ceux qui
avaient déjà fait ce voyage. On plaçait sur sa
tête une couronne d'argent doré, et pendant un
an entier il portait le titre de *roi de la confrérie
de St. Nicolas.*

---

(1) Elles ont été détruites par la plus grossière igno-
rance, à l'époque où cet édifice, qui menaçait ruine,
fut jeté bas.

CHAPITRE VIII.

RUE DE CORBIE. — COUVENT DES AUGUSTINS. — L'O-
RATOIRE. —PALAIS ÉPISCOPAL. —PLACE ST. MICHEL.
— CATHÉDRALE.

LE jardin de M. Descroix, donnant sur la *rue
de Corbie*, paraît avoir été consacré, à une
époque très-reculée, à la sépulture des morts.
On y trouva, en faisant des fouilles, quelques
médailles, des lacrymatoires, et les restes d'un
enfant, auprès duquel étaient des bracelets et
une bulle *(bulla)*, bijou d'or, qu'à Rome les
jeunes gens de qualité portaient au cou.

La manufacture des Augustins, où l'on fabrique des draps et des casimirs estimés,
éprouve en ce moment une stagnation qui afflige
les vrais amis du commerce. Les religieux de ce
couvent se qualifiaient d'*hermites de St. Augus-
tin*. Des citoyens courageux y concertèrent sous
Henri IV les moyens d'arracher cette ville au
joug de l'Espagnol et de la remettre dans les
mains de son souverain légitime. Les mesures
prises avec le monarque français devaient assurer

le succès de cette noble entreprise ; mais un moine, le frère Louis Boulle, eut la scélératesse de divulguer ce projet à Hernand Teillo. Celui-ci fit presqu'aussitôt arrêter, emprisonner et exécuter les conjurés (1). Non content de ce terrible exemple, il eût brûlé la ville, si le marquis de Monténegro ne l'en eût empêché. Lors des troubles qui préludèrent aux guerres cruelles de religion , des gentilshommes protestants transportés de fureur de ce que les Catholiques avaient abbatu la maison où se tenait leur prêche, entrèrent l'épée nue dans l'église des Augustins, et, sans respect pour la sainteté du lieu, y blessèrent plusieurs personnes. Louis XIII fit décorer cette église de lambris dorés. La reine Anne d'Autriche, suivie des dames de sa cour, y venait souvent prier pendant le siège d'Arras.

L'*Oratoire*, devenu de nos jours un pensionnat estimé pour l'excellente éducation qu'y reçoivent les jeunes demoiselles, était, avant la révolution , une communauté religieuse. Les Oratoriens qui l'occupaient, faisaient dans le diocèse une mission qui durait six semaines.

_____

(1) Adrien de Mareuil, conseiller au bailliage et chef de ce complot, étant parvenu à s'échapper, se retira au camp de Henri IV qui l'accueillit avec bonté et l'admit dans son conseil.

M. Lefebvre de Caumartin avait laissé pour sa fondation une rente de 600 livres; on l'appliqua au séminaire quand cette mission n'eut plus lieu. Le siège de la prévoté royale du Beauvoisis était vis-à-vis la maison de ces Pères. Le grand corps de logis, joignant l'église de l'Oratoire, a été construit en 1825.

On doit à M. de Lamothe le portique qui sert d'entrée au palais épiscopal (1). L'avenue, plantée d'arbres, produit un bel effet. Le vestibule est décoré d'une suite de tableaux représentant les anciens évêques d'Amiens. Il s'en trouve en ce moment dans la galerie, plusieurs dont les cadres sont surchargés de sculptures. Tous proviennent de maîtres de la confrérie de Notre-Dame du Puy, ainsi que le font connaître ces devises d'Adrien Desprez, avocat, de Nicolas Caron, greffier du bailliage, et de Philippe de Conti, licencié ès-lois :

« Au juste poids véritable balance.
» Palme eslute du Saulveur pour victoire.
» Pour notre foi militante comtesse, etc. ».

On croit généralement à l'Évêché que le tableau qui représente, entr'autres sujets, l'arrivée de François Ier. à Amiens, a été peint par

_____

(1) C'est par la rue des Soufflets, que défile la pompe funèbre des évêques d'Amiens.

Léonard de Vinci (1); mais le dessin des figures
nombreuses dont il est composé, ne paraît point
assez correct pour qu'on puisse l'attribuer à un
aussi grand peintre. Les rois de France avaient
leurs appartements particuliers dans ce palais,
où les princes et monarques étrangers descen-
daient aussi quelquefois. En l'année 1594, les
ducs de Mayenne et d'Aumale attirèrent par ruse,
à l'évêché, les magistrats les plus devoués au
roi de Navarre, et les envoyèrent de-là en exil.
L'incendie de cet édifice, arrivé le 29 décembre
1762, fournit à l'un de nos compatriotes des
vers heureux qu'on inséra dans le Mercure. On
ne parlera pas ici des cérémonies observées anciennement à la réception des évêques d'Amiens,
ni des droits qu'ils avaient, comme seigneurs
temporels et *spirituels* de cette ville, il suffira,
pour avoir une idée de la singularité de ces cérémonies, de rappeler que le seigneur de Rivery
s'emparait de la mule sur laquelle le prélat fai-

---

(1) François Ier. faisait tant de cas de ce peintre, qu'il
dit à ses courtisans, étonnés de le voir verser des larmes,
au moment où il expirait entre ses bras : « Sachez que
» je puis faire en un jour, beaucoup de seigneurs
» comme vous; mais qu'il n'y a que Dieu seul qui puisse
» me donner un homme pareil à celui que je vais
» perdre. *V*. l'Histoire des siècles, par Lenfant.

sait son entrée ; et que jusqu'a la fin du 14me. siècle, « *nul ne pouvait coucher avec sa femme* » *la première nuit des nôces, et même les deux* » *suivantes , à moins d'en avoir obtenu la permis-* » *sion de l'évêque* (1) ». Un arrêt du parlement de Paris, cité par l'immortel auteur de l'esprit des lois, abolit à jamais cet injuste privilége. Pendant la vacance du siége de Reims, et à défaut de l'évêque de Soissons, celui d'Amiens sacre les Rois. M. de Chabons, pair de France, Ier aumônier de S. A. R. Madame , duchesse de Berry, occupe maintenant le siège épiscopal de cette ville , et ne cesse de donner des preuves de sa sollicitude pastorale.

Au coin de la *Place St. Michel ,* on voit encore l'une des trois grosses bombardes que Louis XI fit fondre dans Amiens, lorsqu'il eût recouvré cette ville , engagée au **duc de Bourgogne.**

La *Cathédrale* est placée en partie sur une colline dont le penchant aboutit à la rivière

(1) Autrefois, les personnes inscrites sur le rôle de St. Firmin-le-Martyr , payaient à l'évêque un droit appelé le *Répit de St. Firmin.* Elles étaient, de plus, obligées de se rendre, la veille de la fête de ce Saint, sur le déclin du jour, avec leurs armes, à la porte de la cathédrale , afin de veiller à la sûreté de ses reliques. Cette garde qu'on nommait le *Guet ,* ne cessa qu'en 1757.

d'Avre ; c'est pourquoi , plus des deux tiers de cet édifice se trouvent bâtis sur pilotis. Si l'on en croit les chroniques , deux autres cathédrales auraient existé en cet endroit , avant celle que nous voyons aujourd'hui (1). Quoiqu'il en soit, sous le règne de Philippe-Auguste , la piété des Chrétiens , de retour de la Terre Sainte , ne diminuant pas , et les églises ordinaires pouvant à peine contenir la foule des fidèles , on résolut, en diverses provinces , d'élever de ces temples vastes (2) , majestueux , et dont l'architecture grandiose atteste l'habileté des hommes du 13me siècle. Evrard de Fouilloy, 45e évêque d'Amiens , posa la première pierre de la cathédrale de cette ville , en 1220 ; les murs sortaient à peine de terre, lorsqu'il mourut. Gaudefroy d'Eu , son successeur , les éleva du pavé jusqu'aux voûtes. L'évêque Arnoult fit construire ces voûtes , les galeries du dehors et un clocher tout à jour , détruit par le feu du ciel , le 15

(1) La première, construite par St. Salve, où sont les grands fonts baptismaux, fut brûlée, en 881, par les Normands. Le feu du ciel réduisit en cendres la seconde , bâtie peu à près le départ de ces barbares, l'an 1218.

(2) La cathédrale porte de longueur, dans œuvre , 415 pieds; de largeur, jusqu'aux grilles des chapelles, 48 pieds ; et de hauteur, du pavé au coq, 402 pieds.

juillet 1527. Enfin , ce superbe édifice fut terminé l'an 1288. Trois architectes fameux eurent successivement la conduite des travaux de
cette église. Robert de Luzarche en traça le
plan, et la commença; Thomas de Cormont la
continua , et Renault, son fils, l'acheva. Il serait difficile de décrire les beautés de ce monument. De quelque côté qu'on arrive à Amiens ,
le principal objet qui frappe les regards des voya-
geurs, c'est cette basilique admirable ; aussi ,
tous s'empressent de la visiter, de contempler
la hauteur de sa nef (1), la légéreté de ses piliers,
l'éclat de ses roses, le travail exquis de ses stalles
et la magnificence des grilles du chœur.

Le portail, d'ordre dorique et toscan , est
flanqué de deux tours quadrangulaires. Il se
divise, dans le bas, en trois porches ornés de
statues colossales et de figures allégoriques *.
Le tableau du jugement dernier qu'on distingue
sur l'entablement de la porte du *Sauveur* , attire surtout l'attention. J.-C. paraît au haut ,
ayant à ses genoux, à droite, la Ste. Vierge ,

_____

(1) Elle a 133 pieds d'élévation ; depuis le pavé jusqu'aux clefs de la voûte.

* *V.* à ce sujet le mémoire de M. Rigolot , dans le
recueil imprimé des travaux de l'académie d'Amiens , et
la lettre de ce docteur à M. Rivoire ; 1806, in-8°.

dont la tête est ceinte d'un diadème : ce qui a fait croire à M. Rivoire * que c'était un *prince;* à gauche, St. Firmin, revêtu d'une chasuble antique, et que le même écrivain a pris pour *St. Bernard.*

Parmi les curiosités qu'elle renferme, on remarque le grand cadran dont la circonférence est de 96 pieds (1); le jeu d'orgues qui semble suspendu en l'air (2) ; les tombes en cuivre des évêques Evrard et Gaudefroy ; le labyrinthe du pavé de la nef; la chaire supportée par les trois vertus théologales, et regardée comme un chef-d'œuvre; la rose du *nord,* dont rien n'égale la vivacité des couleurs; la chapelle de St. Salve, où se trouve un crucifix miraculeux, fort révéré des mariniers du département ; celle de N.-D. du Puy, à laquelle était attachée anciennement une confrérie, qui, comme nos académies modernes, honorait publiquement la

---

* *V.* la Description de la cathédrale d'Amiens, p. 32.

(1) Il fut fait par Arnoult Delamorgue, en 1675. L'aiguille a 27 pieds et demi de long ; les heures ont 22 pouces de hauteur, et sont distantes les unes des autres d'environ 8 pieds.

(2) Alphonse Lemire, valet-de-chambre de Charles VI, et Massine de Hénault, sa femme, le firent faire en 1422 et années suivantes.

science et les talents, en couronnant, chaque
année, les meilleurs *chants royaux* (1) ; la
chapelle dé St. Jean-Baptiste, construite pour
remplir le vœu fait par le corps-de-ville, le
clergé et le peuple, pendant une contagion af-
freuse, et dans laquelle on conserve le véritable
chef du St. Précurseur * ; les mausolées du
cardinal Hémard, qui mérita par ses vertus le
glorieux surnom de *Bon Pasteur;* de François
Faure, prédicateur de la mère de Louis XIV,
à qui des critiques reprochent d'avoir gagné l'é-
vêché d'Amiens, par ses sermons comiques (2);
celui de Pierre Sabbatier qui supprima l'usage
de porter des *mais* aux processions, et interdit
la *chasse* aux prêtres de son diocèse; les fonts

_____

(1) On nommait ainsi les ballades, parce que le sujet
en était donné par l'auteur de la pièce couronnée l'année
précédente. Ces ballades plurent tant à la mère de François Ier, qu'elle en demanda le recueil à la ville. Deux
échevins en charge le lui portèrent à Amboise. (H. DL.
Considérations sur les progrès des sciences, belles-lettres
et arts à Amiens, pag. 30.

* *V.* le Traité historique du chef de St. Jean-Baptiste,
par Ducange.

(2) Le maire et les échevins avaient, sans doute, une
toute autre opinion des sermons de cet évêque, lorsqu'ils
résolurent, en 1682, qu'il serait fait un extrait de ceux
que le prélat avait prêchés pendant le carême de la même

baptismaux, dont la pierre est antérieure à la cathédrale actuelle ; les histoires de St. Jacques, de St. Firmin et de St. Jean-Baptiste, présentant des groupes de figures originales ; le *Génie pleureur* qui arrose de ses larmes les cendres du chanoine Lucas, fondateur de l'école des orphelins, ou enfants-bleus, sur le frontispice de laquelle on lisait cette maxime : *Orphano tu eris adjutor ;* les dessins que forment les compartiments du pavé en marbre du sanctuaire ; la gloire et ses riches décorations.

Les plus augustes cérémonies eurent lieu dans cette cathédrale. Le 23 janvier 1263 (1), Louis IX, sur son trône, environné de toute la pompe qui convient à la majesté royale, y rendit une sentence en faveur d'Henri III, roi d'Angleterre, contre ses barons ; en 1329, Philippe de Valois y reçut la foi d'Edouard (2) ; Charles VI y épousa, en 1385, la fière Isabeau ; et le 8 mai 1550, Henri II et le roi d'Angleterre y signèrent la paix, sous un pavillon semé de fleurs de lys d'or.

_____

année, et à la suite duquel on lui offrit un chef de St. Jean en or, entouré de diamans. *V*. le discours de remerciment du maire François de Vitry, in-4°.

(1) C'est-à-dire, l'an 1264, avant Pâques.

(2) M. St. Albin Berville, avocat éminemment distingué par son érudition, ses talents oratoires et litté-

C'est là que reposent le cardinal de Lagrange, nonce du pape Innocent VI, conseiller privé de Charles V, surintendant de ses finances, ami et fauteur de plusieurs anti-papes; Pierre Versé qui assista, en qualité d'évêque d'Amiens, au sacre de Charles VIII; Jean de Cherchemont, chancelier de France sous Philippe deValois; Thomas de Savoie, exécuteur du testament de la reine Jeanne de Bourgogne; Guillaume de Macon, qui accompagna St. Louis en Egypte, ensevelit son corps au camp de Tunis, et revint avec lui en France; M^r. Feydeau de Brou, l'un des trois consécrateurs de l'immortel Fénélon; M. de Lamothe, si connu par ses reparties heureuses; et le marquis de Bombelles, qui eut la douleur de voir tomber sous un fer assassin, le prince infortuné dont il était le premier aumônier. Enfin, les personnes qui aiment les lettres y considèrent, avec intérêt, l'épitaphe du chanoine *Masclef*, homme très-versé dans les langues grecque, hébraïque et arabe; celle du poëte

raires, qui lui firent obtenir plusieurs prix académiques, et notamment le prix d'éloquence décerné par l'académie française, pour l'éloge de Rollin, a célébré cet événement, dans un poëme que l'académie d'Amiens a pareillement couronné. Cet avocat, né à Amiens, exerce sa profession avec le plus grand éclat au barreau de Paris.

Gresset, l'un des Quarante de l'académie française (1), et celle d'Adrien de la Morlière, auteur des antiquités d'Amiens.

On donnait sur le parvis (2) de cette église, des spectacles ridicules et vraiment profanes, avant que les progrès des lumières eussent dissipé les ténèbres qui aveuglaient le peuple, et que les prêtres eux-mêmes eussent reconnu que la gravité de la morale évangélique ne pouvait s'accorder avec la scène de *Joseph*, la fête des *Fous* et les travaux d'*Hercule* !

⋙❋❋⋘

---

(1) Il serait à désirer qu'une souscription procurât les fonds nécessaires pour ériger, enfin, un monument à ce favori des Muses.

(2) Le duc d'Aumale, le héros de la Ligue, s'y baricada avec 250 lances, lorsque les Amiénois se soulevèrent contre lui et veulurent se soumettre à Henri IV. Vis-à-vis le parvis est la place Notre-Dame, sur laquelle les évêques d'Amiens avaient autrefois un droit d'étalage de marchandises, qui les porta à excommunier le corps-de-ville, parce qu'il contestait ce droit à leurs officiers.

CHAPITRE IX.

GRAND MARCHÉ. — ÉGLISE DE ST. GERMAIN. — MAR-
CHÉ AU FEURE. — RUE DES TANNEURS. — ÉGLISE
ST. LEU. — HÔTEL-DIEU. — MOULIN TAILLE FER. —
RUES DE VILLE, DU BORDEAU ET DES POULIES. —
ANCIEN COUVENT DES S^{tes}. CLAIRES. — CHAUSSÉE ST.
PIERRE. — RUE DE TAPPE PLOMB.

LE *Grand Marché*, appelé vulgairement *marché aux Herbes*, à cause des légumes qu'on y
vend, est, depuis plusieurs siècles, le lieu où
les criminels subissent leurs condamnations.
Il a 402 pieds de long sur 152 1|2 de large. En
1480, on y voyait le *pilori*, construit aux frais
d'un gentilhomme qui avait donné un coup
d'épée dans la gorge du bourreau, un jour qu'il
assistait à l'exécution d'un de ses amis. La sentence rendue contre ce gentilhomme était gra-
vée sur cet instrument de honte et d'infamie
autour duquel on faisait tourner trois fois les
débiteurs insolvables, la tête affublée *d'un bonnet vert*. Durant la contagion de 1668, les ma-

lades, à qui il n'était point permis d'entrer dans les églises, se mettaient à genoux sur cette place, la face tournée vers un autel dressé sous la porte de la *Poissonnerie*, où on leur disait la messe les fêtes et dimanches. Au mois de juin 1650, pendant la procession du Saint-Sacrement, il s'engagea au milieu du grand marché, une rixe violente entre les président et conseillers du bailliage et les trésoriers de France, pour le *rang* et le *pas*. Un arrêt débouta ces derniers de leur prétention à la préséance. Voiture dont le sonnet sur *Uranie*, partagea avec celui de Benserade sur *Job*, tous les beaux esprits de la Cour, Voiture, après la mort duquel l'académie française porta le deuil, est né dans une maison de cette place. Ce fut en chassant de cet endroit les satellites de Chabot et en forçant ce proconsul à prendre une fuite honteuse, que la garde nationale d'Amiens, commandée par M. Morgan de Frucourt, empêcha l'échafaud de moissonner l'élite de nos concitoyens, lors des malheurs de la France.

On ne peut dire précisément l'époque à laquelle l'église *St. Germain l'Ecassais* (1) a été

---

(1) Jacques Rohault, très-célèbre philosophe cartesien, reçut le jour à l'enseigne de *l'Étoile d'Or*, vis-à-vis

entreprise ; on sait seulement que les châtelains d'Amiens contribuèrent beaucoup à sa construction, et qu'elle fût ralongée, l'an 1477, avec les matériaux des anciennes fortifications de la ville, que le mayeur, Antoine Clabault, avait fait abattre. Cette église est un assez bel édifice. On plaça le guet dans son clocher pendant la reconstruction du beffroi. Il y avait autrefois un *jubé* qui passait pour une merveille. On n'y remarque plus maintenant qu'un sépulcre gothique dont les personnages portent sur leurs vêtements des versets de pseaumes de David, en caractères pareils à ceux de l'écriture employée en France avant la renaissance des lettres, sous François Iᵉʳ. Pierre Boucher, curé de cette paroisse, fit présent de la chasse contenant les reliques de St. Germain, et composa la vie de St. Firmin-le-Martyr, en un volume *in-folio*. Le surnom de *fous* que le peuple donne aux paroissiens de St. Germain, provient de ce que la fabrique de cette église refusa, dans un temps où le bled était à très-bon compte, une fondation qui en rapportait un septier chaque jour, à la seule charge de faire dire une messe tous les matins, par un prêtre qui devait recommander les fondateurs

le grand portail de cette église, où son père, marchand de vin, demeurait.

aux assistants, et réciter le *pater* et *l'ave* avant
l'*introit*, sous peine de douze deniers d'amende,
lorsqu'il y manquerait (1).

Les bestiaux se vendaient jadis sur le *Marché
au feure, au foin ou à la paille.* Au mois d'août
1594, les habitants de ce quartier voulant ex-
pulser de la ville la compagnie des gardes du duc
de Mayenne et le reste des ligueurs, s'emparèrent de l'un des canons du rempart, le con-
duisirent sur le pont du Moulin du Roi dont
nous parlerons plus bas, et le braquèrent contre
la place aux herbes. Une foule de peigneurs de
laine profitèrent de cette émeute, pour se saisir
de leur côté d'une autre pièce de canon et s'at-
trouper devant l'hôtel-de-ville, où ils deman-
dèrent hautement la paix, menaçant de faire
feu, en cas de refus. Les échevins n'osaient plus
sortir. Ils eurent beau inviter ces ouvriers à se
retirer, sous la promesse de dépêcher vers
Henri IV, à l'effet d'obtenir une trêve ; prières,
supplications, tout fut inutile : les attroupe-

---

(1) La rue du Chapeau-de-Violettes, située vis-à-vis
l'église St. Germain, a pris ce nom de l'usage qu'avaient
les pâtissiers de fournir des *chapeaux de violettes* aux chanoines de St. Firmin-le-Confesseur, paroisse la plus ancienne de la ville, et dont le presbytère est aujourd'hui
occupé par la maison des Sœurs de la charité.

ments ne se dissipèrent qu'après que le mayeur
et les échevins eurent reconnu ce grand Roi, le
10 août, à 2 heures du matin.

Du Marché au feure, on va dans la *Rue des
Tanneurs*, où descendait Louis XI (1), lorsqu'il
venait visiter Amiens, qu'il appelait sa *petite
Venise*. On raconte sur le moulin du Roi, qui
est à l'entrée de cette rue, l'anecdote suivante :
En 1442, le meûnier, nommé Colart de Bot-
tempont, fit sur les bleds une spéculation qui
lui réussit mal; désespéré de ce malheur, il se
pendit dans son moulin. Les lois punissaient
alors le suicide ; c'est pourquoi son cadavre fut
traîné sur la claie, et on confisqua ses biens au
profit de l'état. Charles VI et la reine son épouse
donnèrent ce moulin au chapître de la cathédrale, qui, par reconnaissance, chantait annuellement à leur intention un service auquel
les gens du Roi étaient obligés d'assister. Les
noms des donateurs, inscrits sur cette usine,
en ont été effacés en 1792.

En quittant la rue des Tanneurs, on prend
celle de *St. Leu*. L'église dédiée à ce Saint, n'é-
tait d'abord qu'un petit prieuré, sous l'invocation de St. Lambert. A l'extrémité des bas

_____

(1) La maison de M. Peru-Lorel a remplacé le logement de ce monarque.

côtés, sont des chapelles où se trouvent les statues rondes bosses de St. Louis, de S^{te}. Elizabeth, de la Vierge et de St. Vincent de Paul. Le 26 mars 1581, le clocher, bâti au-dessus du chœur, fut renversé par une tempête. Cet accident arriva le jour de Pâques, et causa la mort à plus de 80 personnes. Pour éviter un semblable malheur, on eut soin de placer le clocher actuel à l'entrée de l'église. Plusieurs confréries existaient à St. Leu avant la révolution. Les archers du grand serment y entretenaient celle de *St. Sébastien*, et jouissaient de différents avantages que Philippe, duc de Bourgogne, satisfait du zèle que ces archers avaient montré à la défense de la ville, s'était plu à leur accorder. En conséquence d'un vœu fait par les paroissiens à St. Firmin-le-Martyr, le clergé de cette église allait chaque année, le lendemain de St. Leu, porter à la cathédrale un cierge pesant 7 à 8 livres, chantait une antienne au pupître du chœur, et révérait ensuite le chef de St.-Jean-Baptiste. Le cierge brûlait au milieu du sanctuaire, sur un grand chandelier de cuivre, autour duquel étaient ces mots :

LES MANANGLIERS SAINCT LEU M'ONT CHI MIS EN MIL CHONQ CHENS ET UN QUARTRON : TOUT JUSTE.

Les *reclus* de St. Leu, jeunes-gens de cette

paroisse qui couvraient leur anonyme de ce simple titre, s'étaient fait une certaine réputation à Paris en 1675, par les explications en vers qu'ils donnaient, des énigmes proposées dans le Mercure-Galant, les rondeaux et les pièces fugitives qu'ils y faisaient insérer régulièrement *.

L'*Hôtel-Dieu*, nommé hôpital de St. Jean dans les titres de l'an 1100, se trouvait d'abord près de la rivière du Hocquet, et n'a été transféré où il est à présent qu'en 1236. Ses principaux bienfaiteurs furent Pierre d'Amiens, seigneur de Vignacourt, et Guillaume III, comte de Ponthieu. Jean de Croy et Gauthier, seigneur d'Heilly donnèrent une grande partie du terrein de cet hospice, dont Adrien de Henencourt fit bâtir la façade. Le gouvernement de cette maison est aujourd'hui confié aux Sœurs de la congrégation de *St. Vincent de Paul*. On ne peut se faire une idée de l'ordre, de la décence et de la propreté qui régnent partout. Il faut voir cet asyle du malheur, pour se convaincre de la justice des éloges que le poète Legouvé donne à ces filles charitables, dans son

---

* *H. DL.* Considérations sur les progrès des sciences, belles-lettres et arts à Amiens, page 48.

poëme du *mérite des Femmes*. On compte habi-
tuellement 230 à 250 malades à l'Hôtel-Dieu,
chef-lieu de l'école secondaire de médecine
d'Amiens (1). Chacun des professeurs de cette
école réunit aux talents de sa partie le zèle le
plus affectueux pour l'instruction des élèves.
Le directeur, M. Barbier, est auteur d'un excellent *traité de matière médicale*, et M. Lapos-
tolle, professeur de chimie, de divers opus-
cules sur les moyens de prévenir les désastres
que causent la *grèle* et le *tonnerre*. L'amphitéâtre
où les étudiants en médecine reçoivent des leçons, renferme une pièce anatomique en cire
qui mérite d'être vue. On la doit au docteur
Josse, chirurgien fort habile.

On assure que le *Moulin de Taille fer* (2),
qui se trouve derrière l'Hôtel-Dieu, est une dé-
pendance de la fabrique d'armes établie en
cette ville, du temps des Romains. L'auteur de
la notice de l'Empire, nous apprend que ces
manufactures n'étaient distribuées que dans
sept villes des Gaules, et qu'il y en avait deux à
Trèves. Excepté Strasbourg, où était une offi-

_____

(1) Dès 1656, il y avait à Amiens un collége de mé-
decins, qui était l'un des douze du royaume.

(2) Le peuple l'appelle encore, en patois du pays :
Euch clypan.

cine générale , on ne fabriquait dans les autres
villes qu'un seul genre d'armes offensives ou
défensives. On forgeait à Macon , des flèches et
des javelots ; à Autun , des cuirasses ; à Amiens ,
des *épées* et des *écus* (1).

Dans la *Rue de Ville ,* on voit encore des
vestiges du premier hôtel de ville d'Amiens (2).
On prétend que ce chétif édifice fût le siége de
la cour souveraine qu'Isabeau de Bavière s'i-
magina de créer ici , pendant la démence de
l'infortuné Charles VI ; mais il est plus pro-
bable que cette espèce de parlement se tenait à
l'hôtel des *Cloquiers ,* alors occupé par les
mayeurs et les échevins. Quoiqu'il en soit , le
sceau de cette cour , dont Philippe de Morvillers
était président, représentait la reine debout,
les bras tendus vers la terre, pour marquer le
malheur qu'elle éprouvait alors, malheur qu'elle
ne devait imputer qu'à elle-même.

Les *Rues du Bordeau* et *des Poulies ,* aboutis-
sant à la chaussée St. Leu (3) , étaient , dans

(1) D'où la fabrique de cette ville était nommée *Spata-*
ria et *Scutaria.*

(2) Un historien moderne se fondant sur l'office de
St. Firmin, a cru que le prétoire du président Sébastien Valère, était où se trouve ce vieil hôtel.

(3) Nommée jadis *chaussée au blé,* parce que le marché au blé se faisait devant l'Hôtel-Dieu.

le 15ᵉ. siècle, la retraite des *filles publiques* (1).
En 1489, on les obligea à porter une aiguil-
lette rouge de quartier et demi de long, sur
le bras droit, au-dessus du *queute* (coude),
sans *mantelles* ni *failles* qui pussent la couvrir.
Les ceintures d'or et d'argent dont elles se pa-
raient, et qui avaient, sans doute, donné lieu
à ce proverbe : *Bonne renommée vaut mieux que
ceinture dorée*, leur furent défendues par la
suite.

Presque vis-à-vis l'église de St. Sulpice, est
l'ancien *Couvent des Saintes-Claires*. Ce monastère, ainsi que celui des Minimes (2), ont été,
de nos jours, convertis en imprimeries d'étoffes.
Philippe de Saveuse, chambellan du duc de
Bourgogne, le fonda, avec l'agrément du pape

_____

(1) Déjà du temps des Romains, des femmes de mauvaise vie souillaient l'enceinte de cette ville. Cicéron re-
proche, en effet, à Trébatius dans une de ses lettres, de
s'y être livré à la débauche, et lui demande ironique-
ment ce qu'il aurait fait, s'il l'eût envoyé à Tarente.
Quid si te Tarentum, et non Samarobrinam misissem?

(2) Le R. P. Judas, natif d'Amiens, fut nommé général de tout l'ordre des Minimes, au chapitre tenu à
Valence en Espagne, l'an 1562. Ce titre passait alors
pour une dignité si éclatante, que MM. de ville firent
tirer le canon, à l'entrée du P. Judas dans sa patrie,
deux ans après sa promotion.

Eugène IV et le consentement de la mairie, à condition que les Clarisses prieraient pour le roi, la reine et leur postérité, pour le duc et la duchesse de Bourgogne, pour le bien et la tranquillité du royaume, de la ville et de ses habitants.

Ste. Colette, réformatrice de l'ordre, assista à la bénédiction de l'église de cette communauté, et présenta aux religieuses, pour première abbesse, Jeanne de Bourbon, princesse issue du sang royal. Un bréviaire que possédait cette maison, était fort prisé des connaisseurs, à cause de la richesse des armoiries et du grand nombre de miniatures qu'il renfermait. En avril 1812, on ôta des décombres de ce couvent, l'épitaphe de Pierre *de Machy*, de sa femme et de leurs treize enfants, portant :

Sous mi pierre	S'espousée	Quand vesquirent	Ils attendent
Ci gist Pierre	Qu'est posée	D'eux nasquirent	Qu'ils reprendent
De Machy,	Chy omprés	Treize enfans	Corps et âmes
Qu'on a chy	Peu aprés	Blons, bruns, blancs;	Sous ches lames;
Mort bouté;	Trespassa	Or, sont morts	Ressuscitent,
Sa bonté,	Et passa	Tous ches corps	Et habitent
Dieu lui fasse	De che monde,	Vers nourrissent	Es saint lieu
Voir en face.	Dieu la monde.	Et pourrissent.	Que doingt Dieu.

AMEN.

Un membre correspondant de l'Institut fit la description de cette pierre. Depuis, on remarqua qu'elle avait été connue de l'abbé Daire qui

en a même rapporté l'inscription, dans ses ad-
ditions à l'histoire d'Amiens ; mais le détail qu'il
en donne est très-inexact et très-incomplet. En
comparant le texte que nous venons de citer,
avec celui de Daire, on apercevra de grandes
différences, non seulement dans l'orthographe
qui est précieuse, mais encore dans des mots
entiers, dans la transposition des rimes, et notamment dans le nom de famille qu'il écrit *de
Mouchi*, tandis que c'est *de Machy*. Il a également erré, en fixant le nombre des enfants à
onze. Car l'inscription porte bien *treize ;* ce qui
est d'ailleurs confirmé par les treize figures
placées aux pieds du père et de la mère. Aux
quatre coins de la pierre sont quatre ronds ou
cercles : sur le premier, on voit deux colombes
ou tourterelles, emblême, quelquefois trom-
peur, de l'amour conjugal ; sur le deuxième
est représenté un ange ; le troisième, en bas,
se trouve tellement effacé, qu'on ne peut plus
y rien connaître ; le quatrième contient des armoiries surmontées d'un casque de profil. Ces
armoiries ne sont ni celles de la maison *de
Mouchi*, ni celles de la famille *de Monchy ;* et
cette circonstance ne laisse aucunement douter
que le nom du personnage, inhumé en cet endroit, n'ait été *de Machy*. Il n'existe point

d'indication de date sur cette pierre sépulcrale ; mais le correspondant de l'Institut a jugé, au style de l'épitaphe, qu'elle était de la fin du 15°. siècle. Cette conjecture se vérifie par l'époque de la fondation de l'eglise, laquelle ne remonte qu'à l'an 1445, et par la découverte que ce Pierre de Machy vivait en 1475. On doit, en effet, croire que cet individu est le même que Pierre de Machy qui fût commis par Louis XI, cette année là, au paiement des deniers employés à mettre Amiens en état de défense, qui mourût plus tard, et qui obtînt sa sépulture avec sa famille dans le couvent des Clarisses, qu'il avait comblé de bienfaits.

Au commencement de la *Chaussée St. Pierre*, est le moulin *Passavant*, ou du *Bassin*. La tradition veut que ce soit là, qu'au 3°. siècle, ait été le centre d'Amiens, et qu'avant l'arrivée de César dans cette cité belliqueuse, ait existé le pont nécessaire pour passer du nord au midi de l'Amiénois * et correspondre par là voie publique, que les conquérants des Gaules perfectionnèrent, et dont on leur a ensuite attribué, mal-à-propos, la construction.

Plus loin se trouve la *Rue Tappe plomb*,

* *Voy.* Baron, not. hist. sur Amiens.

nommée aussi rue du Temple , parce que les
Templiers y avaient , en 1309 , un petit hospice
qui ne subsista que fort peu de temps : l'ordre
des Templiers ayant été aboli en France , quelques années après , et le grand-maître brûlé
vif, à Paris , le 19 mars 1313.

CHAPITRE X.

CITADELLE ET PORTE MONTRE-ECU. — PONT DE DU-
RIAME, CANAL. — JARDIN DES PLANTES. — CIME-
TIÈRE DE LA MADELEINE.

Henri IV, en rentrant à Amiens, après un
siége où il se couvrit de gloire, mais qui coûta
six millions à la France, résolut d'établir une
citadelle au bout de la chaussée du nord. Le
plan de cette forteresse fut tracé en sa présence,
et il confia la direction des travaux à l'ingénieur Evrard. Pour la fermer du côté du midi,
on démolit 200 maisons de la ville, l'église de
St. Sulpice et l'hôtel d'Heilly. Cette citadelle
est un pentagone régulier composé de cinq bas-
tions à angles aigus, formant avec les cinq cour-
tines un développement de 810 toises. Des fossés larges, profonds et en partie creusés dans
la pierre, l'environnent de toutes parts. La chapelle a été construite sous les cintres de l'an-

cienne porte de *Montre-Écu*(1), ainsi nommée,
parce qu'on voyait sur le fronton les armes et le
chiffre de François Ier. qu'un ange montrait du
doigt. Des soldats espagnols, déguisés en paysans, s'emparèrent d'Amiens par cette porte,
le 11 mars 1597, en répandant dessous un sac
de *noix* et des *pommes* que la garde bourgeoise
soldée, s'amusa à ramasser. En 1615, le marquis d'Ancre se mit en possession de la citadelle d'Amiens, malgré le duc de Longueville,
gouverneur de Picardie, et s'attira bientôt l'ini-
mitié des Amiénois par ses cruautés. A son
instigation, les magistrats furent mandés dans
cette forteresse, et Nerestan, son affidé, leur
défendit sous peine de mort de recevoir à Amiens
aucun des *princes mécontens*. Peu après, Concini
livra au bourreau, sans forme de procès, le pré-
vôt des maréchaux de France, dont le seul
crime était d'avoir refusé d'exécuter ses ordres
inhumains. Au mois d'avril 1616, le corps-de-
ville, fatigué des violences continuelles que
commettaient les troupes italiennes de ce

(1) C'est bien à tort que quelques écrivains ont pensé
que la porte *Montre-Écu* était la même que celle *Clypéenne*.
Cette dernière, démolie en 1349, se trouvait, suivant
M. Ledieu, précisément à l'entrée de la ville où est aujourd'hui le grand pont du canal.

maréchal, lui fit offrir jusqu'à cinquante mille
écus, pour qu'il procurât la démolition de la
citadelle *. Mais le Roi s'y refusa, et se borna
à en ôter le commandement au marquis d'Ancre
qui fut tué ensuite sur le pont du Louvre. En
1638, le seigneur de Heucourt, calviniste,
convaincu de trahison et d'avoir voulu livrer
Doullens au prince Thomas, fut décapité devant
l'esplanade de cette citadelle. Les actes de St.
Firmin semblent placer en ce lieu les arènes
consacrées particulièrement aux divertissements
et aux cérémonies publiques, du temps de
Dioclétien (1).

Pour aller au jardin des Plantes, on passe sur
le pont construit à la place de celui de *Duriame*.
C'est par là que débouche le *canal du duc d'Angoulême*, qu'on a cru devoir faire tourner à l'extrémité de la ville. La plupart des habitants

---

* *Voy.* les *remontrances présentées au Roi* sur le fait de
la citadelle d'Amiens, et pour engager S. M. à la faire
raser, 1616 *in* 8°.

(1) M. Ledieu, dans un article sur les agrandissements
de la ville d'Amiens, place également en cet endroit les
temples de Jupiter et de Mercure, et dit que ce fut là que
le gouverneur des Gaules convoqua toutes les troupes et le
peuple, lorsqu'il voulut obtenir du St. évêque Firmin une
profession publique de sa foi, avant de le condamner selon
les édits des empereurs.

désiraient que ce canal suivît une ligne droite
du pont du Don, au pont de Croix, pour con-
tribuer d'avantage à la prospérité du commerce
et à l'embellissement de la ville. « On regarde
» comme une merveille, dit le chanoine de la
» Morlière, ce qui a lieu près du pont de Du-
» riame où là Somme venant des Célestins avec
» assez d'impétuosité, coule droit sous ce pont,
» après s'être divisée en deux bras, dont l'un
» paraît remonter vers sa source ». Des monarques considérèrent attentivement ce phéno-
mène, devenu moins sensible au moyen des
travaux exécutés le long de la langue de terre
qui séparait ces deux bras, et qui, selon quelques manuscrits, était un reste des premiers
remparts d'Amiens. La porte du *géant*, murée
dès 1407, et ensuite jetée bas, se voyait vers
cet endroit. Les débris d'une tour lui servaient
de fondements. Il est à croire que les Romains
avaient bâti cette tour, si l'on s'en rapporte a
l'urne de verre pleine d'ossements brûlés, aux
dieux pénates et à la médaille de l'empereur
Comode, trouvés en la démolissant.

Le *Jardin des Plantes*, appelé d'abord jardin
du roi, fut dans le principe un lieu voluptueux
où la jeunesse d'Amiens faisait de tristes nau-
frages. Des missionnaires qui vinrent prêcher

en cette ville l'an 1707, le surnommèrent, pour
cette raison, le jardin du *diable*, et prédirent
dans leurs sermons qu'un jour ses bocages et ses
tapis de verdure seraient détruits. Cette prédic-
tion ne tarda pas à s'accomplir. Comme ce jardin était à la disposition des gouverneurs d'A-
miens, M. de Mézières en fit abattre les arbres
et tourber le terrein, l'année suivante. En 1751,
Louis XV, sur la proposition du duc de Chaulnes,
le concéda à la ville, à condition qu'elle en aban-
donnerait la jouissance à l'académie des sciences,
arts et belles-lettres, pour y faire une école de
botanique. Il était juste que la patrie de Jean
Riolan (1) qui, plus d'un siècle auparavant,
avait formé le magnifique jardin des plantes de
Paris, eût dans son sein un établissement de ce
genre*. Dom Robe, prieur des Feuillans, ouvrit
le premier cours public de botanique, le 1er juillet 1754, et inspira presqu'aussitôt le goût de
cette science aux manufacturiers d'Amiens. Ils
sentirent combien elle devait être utile à la connaissance des matières végétales employées à la

---

(1) Professeur royal d'anatomie, de botanique, de
pharmacie, et ensuite premier médecin de Marie de Mé-
dicis, mère de Louis XIII.

* H. DL. Considérations sur les progrès des sciences,
belles-lettres et arts à Amiens, page 57.

teinture des étoffes. Vers 1780, des académiciens
firent dans ce jardin un cours de chimie appli-
qué aux arts et manufactures. Les professeurs
se servaient de leurs propres instruments pour
les expériences. En 1793, l'académie étant sup-
primée, ce jardin et ses dépendances retour-
nèrent au domaine, et furent soumis à la sur-
veillance du district d'Amiens qui pourvut à leur
conservation. Ils se trouvèrent en bon état,
lorsque le professeur d'histoire naturelle de l'é-
cole centrale y donna des leçons. Le conseil de
cette école fit alors disposer le terrein, de manière
à contenir une plus grande quantité de plantes.
Le Gouvernement en envoya un certain nombre;
de son côté, la ville en acheta, de sorte que la
collection est aujourd'hui assez complète. Le
ministre de la guerre décida, en 1801, que les
talus du rempart, au couchant du jardin, y seraient incorporés, afin d'y planter des arbres en
gradins, à des hauteurs et dans des positions
analogues à leurs diverses essences. En 1804, le
lycée succéda à l'école centrale. Ce nouvel établissement n'ayant point de professeur chargé
d'enseigner la botanique, on mit de nouveau le
jardin des Plantes à la disposition de la ville,
qui consentit à payer un professeur pour continuer un cours aussi intéressant. A cet effet, on

transporta de la galerie du lycée dans le pavillon
au nord de ce jardin, les armoires, les produc-
tions des trois régnes et les divers objets d'histoire naturelle. A côté du logement du jardinier,
sont une orangerie, une serre chaude et le poële
destiné à entretenir la chaleur qui se répand par
des tuyaux dans l'intérieur des couches. Des
étiquettes en fer blanc indiquent le nom des
plantes, et si elles sont vivaces ou seulement
annuelles. Le cours de botanique commence en
mai et finit en août. Chaque semaine il y a
herborisation à la campagne, et tous les ans,
la mairie accorde des prix aux élèves qui se sont
distingués dans l'étude de la botanique. Ces
prix se distribuent en même temps que ceux de
chimie et de dessin.

Au sortir du jardin des plantes, on se rend au
Cimetière de la Madeleine, en côtoyant la rive
droite de la Somme, et en traversant le marais
de St. Maurice. Le bas de ce cimetière est loin
de faire pressentir sa destination à quiconque
l'ignore. Au premier aspect, on se croirait au
milieu d'une riante promenade, d'un superbe
jardin anglais. L'œil y contemple avec plaisir
des massifs d'arbustes, de rosiers et de fleurs
qui embaument l'air des plus doux parfums. Un
sentier conduit à la chapelle où repose M. de

Mandolx , évêque d'Amiens , et à la demeure du prêtre chargé d'inhumer les morts. De là on gagne le *champ des tombeaux* , où la scène change subitement. De ce côté , l'on n'aperçoit que des tertres environnés de morceaux de craie , d'une blancheur éblouissante. Les uns sont surmontés du signe auguste de la rédemption , et les autres cachés sous de pompeux mausolées que la piété filiale , la tendresse ou la reconnaissance ont ornés d'inscriptions touchantes. Les tombeaux les plus remarquables , sont ceux de Mme d'Épagny, de MM. Dargent, ancien maire, Poullain, avocat, et Dijon , recteur de l'académie d'Amiens. La tombe qui couvre la cendre de ce savant aussi recommandable par sa modestie que par l'élévation de son caractère , fut consacrée à sa mémoire par sa famille et le grand nombre de citoyens dont son mérite (1) et ses vertus avaient faits ses amis. Sur l'emplacement de ce cimetière , existait jadis la maladrerie de St. Lazare. On y recevait les croisés infectés de la lèpre, dans le 12°. siècle. Henri-le-Grand y campa avec sa cour pendant le siége d'Amiens. On y retira

---

(1) M. Dijon jouissait d'une si grande considération à Paris, que dans une entreprise de tous les auteurs latins , on l'avait choisi pour traduire *Lucrèce* et y ajouter des notes.

les pestiférés en 1631, 1638 et 1665. On avait
conçu, il y a nombre d'années, le projet de con-
vertir ce terrain en cimetière commun. Ce projet
rencontra des obstacles, comme il arrive toujours aux idées qui contrarient l'intérêt ou les
habitudes. On fit valoir des motifs de salubrité
que réfutèrent les hommes de l'art. M. Duval,
père, conseiller en la cour, se distingua parmi
ceux qui combattirent cette aveugle opposition,
et voulut être inhumé le premier dans ce lieu.
(1). Son vœu fut rempli. A dater de 1817,
le cimetière devint réellement public, par les
soins d'une administration non moins sage que
ferme dans ses résolutions.

---

(1) C'est-à-dire, le premier, depuis que cet enclos
avait été choisi pour servir de cimetière commun; car,
long-temps avant M. Duval, le R. P. Blasset, capucin,
y avait été enterré avec une foule de malheureux pestiférés à qui il avait administré les secours de la religion,
au péril de sa vie.

CHAPITRE XI.

PORTE ET FAUBOURG DE ST. PIERRE. — ANCIEN COUVENT DES CÉLESTINS. — FONTAINE D'AMOUR. — PONT DU CANGE, VOIRIE, L'AGRAPPIN, PRÉ-PORUS ET CHASSE AUX CYGNES. — LA NEUVILLE, SAINT ACHEUL. — FOSSE FERNEUSE. — VALLÉE DU PIN- CEAU. — TOMBEAUX DU FAUBOURG DE NOYON. — GRAND SÉMINAIRE. — BLAMONT.

VERS le nord, à côté de la citadelle, on voit la *Porte St. Pierre*, construite en 1598. Elle est la seule de la ville qui soit restée debout. Dans une niche au-dessus de la voûte, était le buste en bronze d'Henri IV, avec cette inscription en lettres d'or :

Ut beneficum sydus fortissimi
Henrici quarti vultum posteri norint ;
Quem urbs et orbis gallicus
Regem ac liberatorem habet.

Le moulin à poudre, placé près de cette porte, sauta le 31 juillet 1675. Un grand nombre de maisons furent renversées, et les vitrages des

Minimes, brisés par la violence de l'explosion.
Le *Faubourg* voisin a été incendié plusieurs fois
pendant les guerres. Dans l'église paroissiale
est un excellent tableau représentant St.-Pierre;
il y a été envoyé récemment du musée de Paris.
En 1494, Catherine de Lice, habitante de ce
faubourg, rendit infructueuse la tentative faite
sur Amiens, par l'empereur d'Allemagne. Cette
héroïne ayant remarqué que les Autrichiens se
glissaient, à la faveur des ténèbres, contre les
murs de cette ville, s'élança aussitôt à travers
leurs bataillons sur le bord du fossé, d'où elle
cria de toute sa force, en patois picard, à la
sentinelle : « *hé ! guet, prens garde à t'y* ». Cet
avertissement ne fut point inutile. Aussitôt la
cloche d'alarme se fit entendre ; les Amiénois
coururent aux armes, et précipitèrent, en bas
des murailles, les soldats de Maximilien.

A gauche de la porte St. Pierre, se trouve
l'ancienne caserne de la maréchaussée. On arrive ensuite au *rempart*, regardé autrefois comme
l'un des plus forts et des plus beaux de l'europe.
Le premier pont sur lequel on passe a succédé
à celui des Célestins. Le couvent de ces religieux
(1) fut fondé par Charles VI, le duc d'Orléans

---

(1) On voyait encore en 1824, les ruines de ce couvent.

et Hugues d'Ailly, en 1392. La veille de St.-Michel 1558, Henri II fit une promotion brillante de chevaliers de l'ordre de ce nom, dans leur église. Christiern, roi de Dannemarck, Gustave, roi de Suéde, Antoine de Bourbon, roi de Navarre, les princes de la Roche-sur-Yon, de Salerne, et de Ferrare, les ducs de Montpensier, de Guise, de Bouillon et de Némours, les comtes de Nivernais et de Montgomery, les seigneurs de Lorges et de Tavannes, François de Montmorency et Louis de la Fayette, y reçurent les insignes de cette dignité. Le 25 mars 1589, le duc d'Aumale, précédé de ses gentilshommes, habillés comme lui en capucins (1), se rendit en procession à cette église, croyant s'attacher plus étroitement les Catholiques par ce simulacre de dévotion. En 1614, le duc de Longueville, à la tête d'une multitude de bourgeois armés, se cacha dans le couvent des Célestins, pour abattre, pendant l'absence du maréchal d'Ancre, le pont-

Elles ont été enlevées lors des travaux du canal, qui coule à l'endroit même où les fondations existaient.

.(1) Le duc d'Aumale aimait beaucoup les religieux de cet ordre; ce fut lui qui les introduisit à Amiens en 1593. Pour obtenir la permission de s'établir dans la rue qui porta depuis leur nom, les Capucins firent valoir leur attachement à la ligue, à cette fanatique institution qui causa tant de troubles dans notre cité !

levis que ce dernier avait fait jeter sur le bras
de la Somme qui sépare la citadelle de la ville,
et qu'on appela depuis *Pont du Débat*. Mais cette
entreprise échoua par la courageuse résistance
de Duthiers, dont la Cour loua la fermeté.

La *Fontaine d'Amour*, connue dès 1364, sous
le nom de Fontaine-Monet, a beaucoup de réputation à cause de la pureté de ses eaux. Les
rendez-vous qui se donnaient naguères sur la
pelouse près de cette fontaine, lui méritèrent
probalement un nom qui désigne assez claire-
ment le but de ces entrevues mystérieuses. Un
auteur anonyme les a célébrées dans une
églogue écrite avec grâce. Aujourd'hui cette
fontaine semble privée, pour toujours, de sa
double célébrité. Le canal que l'on vient d'ouvrir
à côté de son bassin, en a banni le mystère, et
les eaux qui filtrent à travers le terrein qui en
forme la digue, ont altéré sensiblement le cris-
tal de son onde.

En suivant le rempart, à l'est de l'ancienne
ville, on trouve le pont *du Cange* (1), et l'on
gagne *la Voirie*, où l'on exposait jadis les corps

_____

(1) C'est sous ce pont qu'entrent les légumes des aires
de la Voirie, de la Neuville et de Camon. Ces jardins
potagers sont séparés les uns des autres par des canaux
sur lesquels on se promène en bateau, pendant l'été.

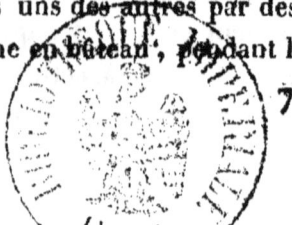

des suppliciés , jugés indignes de la terre sainte.
Ce lieu a bien changé de destination. On y voit
maintenant une jolie promenade , le long de
laquelle sont des maisons consacrées aux plai-
sirs de la table et de la danse. La Voirie s'étend
jusqu'à une île dite *l'Agrappin,* du nom d'A-
grippin, mari d'Atilia, qui y avait une métairie.
Cette illustre Romaine fut baptisée avec son
époux, ses enfants et ses serviteurs, le séna-
teur Faustinien , et trois mille personnes par
St. Firmin-Martyr (1). C'est une tradition assez
accréditée que St.-Firmin-le-Confesseur, fils
de Faustinien , naquit dans une maison de plai-
sance que celui-ci possédait aux environs de
l'Agrappin. *Le Pré-Porus,* situé à l'extrémité de
la Voirie, était le point où les Amiénois se ren-
daient en foule, pour jouir du spectacle de la
chasse aux cygnes, chasse qui se faisait de nuit
et aux flambeaux, le premier mardi d'août. On
en attribue l'origine à l'usage qu'avaient l'é-
vêque et le vidame d'Amiens, le chapître, l'abbé
de Corbie et les seigneurs de Rivery et de Blangy,

---

(1) *Receptusque Firminus a Faustiniano senatore, Ati-
liam Agripini quondam clarissimam conjugem, cùm liberis,
famulis et famulabus , Faustinianum senatorem et tria
millia hominum in nomine Domini baptizavit.* Offi. S^{ti}.
Firmini.

de se partager chaque année les jeunes cygnes
de la rivière de Somme, et de les faire marquer
d'un fer chaud, afin de pouvoir distinguer ensuite plus aisément à qui d'entr'eux ces oiseaux
appartenaient. Cette chasse cessa en 1704. Le
Pré-Porus lui-même fut vendu, il y a quelques
années ; les arbres, qui en formaient un bosquet
agréable, ont été abattus.

La *Neuville,* où la vierge Godeberthe reçut,
dit-on, le jour, est un petit village par lequel
on joint la chaussée de Noyon. Parvenu sur
cette route, on trouve, à gauche, l'*abbaye de
St Acheul,* dont les PP. de la Foi ont fait un
petit séminaire. St. Acheul a toujours été un
lieu fort en vénération parmi les fidèles. Faustinien y fit inhumer le corps du patron du diocèse, et St. Firmin-le-Confesseur y bâtit une
église (1) en l'honneur de ce martyr. Cette

_____

(1) M. Rivoire s'est trompé en avançant, page 16 de
sa Description de la cathédrale, que cette église aurait été
la *première du diocèse,* car St.-Firmin-le-Martyr en avait
fait construire précédemment une en l'honneur de *Saint-
Étienne,* à peu près au milieu de l'emplacement de la
cathédrale actuelle. Cette église fut presqu'aussitôt détruite dans une persécution exercée par ordre de Dioclétien. (Voy. Loisel, chap. 3, antiq. de Beauvais, de la
Morlière, liv. 1er., et Baron, not. hist. sur Amiens). —
Quelques auteurs ont prétendu que les Chrétiens n'avaient

7*

église servit de cathédrale jusqu'au 7ᵐᵉ. siècle,
époque à laquelle St. Salve établit le siège
épiscopal à Amiens. Sous le règne de Charles
V, l'abbaye de St. Acheul fut presqu'entièrement ruinée ; réparée par les soins de Pierre
Versé, on l'unit, en 1634, à la congrégation
de Sᵗᵉ. Geneviève, qui la fit à son tour rétablir.
L'an 1470, le duc de Bourgogne, plein de colère de ce que le peuple d'Amiens témoignait
ne supporter qu'à regret sa domination, vint
camper à l'abbaye de St. Acheul, et écrivit de
là une lettre si menaçante au corps-de-ville,
qu'Amiens se soumît presqu'aussiôt au comte
de Dommartin, commissaire de Louis XI, pour
se soustraire au ressentiment du Duc, dont la
violence n'était que trop connue. Lors du siége
de Corbie, en 1636, on plaça les blessés de
l'armée française dans l'abbatiale de St. Acheul.
Le 10 janvier 1698, on découvrit au milieu de
l'église six tombeaux, entre lesquels on crut
voir celui de St. Firmin. Cependant le corps
de ce Saint reposait depuis long-temps dans
une chasse, à la cathédrale d'Amiens. Un
rayon de lumière avait fait connaître à St. Salve,

---

commencé à bâtir publiquement des églises que du
temps de Constantin ; mais le temoignage d'Origène et
d'Eusèbe prouve qu'il en existait bien avant cet empereur.

le 13 janvier 613, l'endroit où il était inhumé.
Une contestation très-vive s'engagea néanmoins
entre le chapitre de la cathédrale et les religieux de St. Acheul. Ces derniers soutenaient
que la chasse de la basilique d'Amiens, ne con-
tenait pas les véritables reliques de St. Firmin.
En conséquence, on procéda à l'ouverture de
cette chasse; et l'authenticité des précieux
restes qu'elle renferme, ayant été suffisamment
reconnue, le conseil d'état condamna l'abbé
de St. Acheul à retracter ce qu'il avait témé-
rairement avancé au sujet des reliques de St.
Firmin, dans sa lettre à *un curieux*. Les armes
de l'abbaye sont une main sortant d'un nuage,
pour rappeler le miracle arrivé à la messe
solennelle célébrée par St. Honoré, et durant
laquelle le Seigneur lui administra la commu-
nion. L'église qui subsiste aujourd'hui, a été
élevée sur les fondements de celle que Guy,
évêque d'Amiens, avait fait construire, l'an
1073, à la place de la première, et dont les
piliers étaient tombés le 1er août 1751. L'église
St. Acheul est depuis long-temps visitée par les
femmes enceintes de la ville, le jour de la
fête de Sᵉ. Marguerite (1). Elles y viennent
alors en foule, implorer l'assistance de cette

_____

(1) La chapelle dédiée à cette Sainte, comprend une

Sajnte , dont on leur met la ceinture , afin qu'elles obtiennent un heureux enfantement.

A peu de distance de St. Acheul, on descend à la *Fosse ferneuse* (1). Suivant d'anciens cartulaires, c'était là qu'on brûlait les ladres et les hérétiques ; que les hommes des mayeurs d'Amiens portaient la *chèolle pour chevaucher le jour des caresmaux* , et que le choleur le plus adroit obtenait la boule ou éteuf du jeu.

Vis-à-vis la Fosse ferneuse , est la *Vallée du Pinceau*, célèbre par la maison de campagne , dans laquelle Gresset composa ses plus beaux vers (2), et par les restes du camp de Philippe-Auguste, où fut conclu, en 1185, le traité

---

partie du terrein acheté par Faustinien à Abladène, pour la sépulture de sa famille.

(1) Il en est question dans le roman d'*Abladène*, traduit du latin par Richard de Fournival. *Voy.* l'Hist. litt. d'Amiens, p. 424.

(2) Jean-Jacques Rousseau passant par Amiens où il refusa le vin d'honneur, alla voir Gresset qui faisait alors sa résidence dans cette maison. Le poëte , charmé de posséder chez lui l'illustre auteur d'*Émile*, le combla d'honnetetés, et lui adressa diverses questions. Le philosophe de Génève répondit assez froidement au père de Verrvert, et finit par dire : « *Monsieur Gresset, vous avez fait jaser un* PERROQUET, *mais je vous défie de faire parler*

par lequel le comte de Flandre céda le comté d'Amiens à ce Souverain. Cet endroit dépendait d'un fief tenu de l'évêque par madame de Moyenneville, à la charge d'un *chapeau de roses vermeilles*, que cette dame devait présenter tous les ans, le jour de l'Ascension, pour être posé sur la chasse de St. Firmin. La chronique d'Hénault fait mention d'une victoire remportée dans cette vallée par les *matrones d'Amiens*, sur le roi *Ursus*. Cet événement fabuleux figurait parmi les principaux traits d'histoire, relatifs à cette ville, et dont on attachait autrefois la liste au cierge pascal, le Samedi saint (1).

On enterrait anciennement les morts le long du chemin du *Faubourg de Noyon*, à St. Acheul. On trouve en effet, en creusant de ce côté, de grandes tombes en pierre, qui ne laissent aucun doute à cet égard. Celles qu'on déterra au mois de mars 1825, excitent en ce moment l'attention des curieux; mais jusqu'alors on n'a pas encore bien vérifié si ces tombes sont antérieures au christianisme, ou si elles n'ont été déposées sur ce chemin qu'après l'établisse-

---

un ours ». H. DL. Considérations sur les progrès des sciences, belles-lettres et arts à Amiens, p. 55.

(1) Cette légende parlait en effet de la victoire *vallis mulierum per matronas ambianenses relata.*

ment de la foi dans la Picardie. Ce qui rend
cette vérification difficile, c'est que la plupart,
quoique fermées de leur couvercle, n'étaient
remplies que de terre et de cailloux, entremêlés
de quelques ossements : d'où l'on peut induire
qu'elles ont été ouvertes précédemment (1), et
qu'on en a enlevé les divers objets qui auraient
fourni des renseignements certains sur leur an-
cienneté et sur le culte que professaient ceux
dont elles devaient contenir les dépouilles mor-
telles. Au surplus, de ce que ces cercueils sont
placés sur le bord de la chaussée, il ne faut
point conclure que ce soient des tombeaux romains; car les Chrétiens, sous la première et
même sous la seconde race de nos Rois, se
faisaient inhumer, ainsi que les payens, à
l'entrée des villes. De grandes pierres profondément creusées et couvertes d'autres pierres en
forme de voûte, leur servaient de cercueils.
On mettait dedans leurs habits, et on payait
des hommes pour veiller à la garde des tombeaux, de peur que des voleurs ne les fouil-
lassent.

A gauche du faubourg de Noyon, on remarque
le *Grand Séminaire,* édifice immense, bâti en

---

(1) Il serait possible que ces tombeaux fussent les
mêmes que ceux trouvés en 1558, vers cet endroit.

1739. Les prêtres de St. Lazare qui l'occupaient en 1791, n'ayant point voulu prêter le
serment civique, en furent expulsés, et on en
remit la direction à l'un des grands vicaires du
diocèse. Quelque temps après, on transféra le
séminaire dans le local des écoles chrétiennes.
Lors du concordat de 1802, l'évêque rappela
les Lazaristes, et plaça le séminaire dans le
ci-devant collége. En 1817, on restitua aux
jeunes ecclésiastiques le magnifique bâtiment
du faubourg Noyon, qui, depuis 1792, avait été,
changé en hôpital militaire et en dépôt de
mendicité.

Derrière le Séminaire se trouve le *Blamont*,
pensionnat relevant de celui de St. Acheul.
Auprès est un cimetière, dans lequel on a
cessé d'enterrer. On regrette que la colonne
qui surmontait la sépulture de M. Bizet soit
cassée. Avec quel empressement ne s'en ap-
prochait-on pas, pour contempler ces mots,
gravés sur une petite plaque de cuivre :

« Il chercha le bonheur dans la culture des lettres
» et dans la pratique des vertus chrétiennes : il fut
» couronné par l'académie de Lyon (1), et mérita
» les bienfaits du Gouvernement. Il était l'honneur
» et l'exemple de sa famille. »

_____

(1) Pour son mémoire sur *l'exportation des grains.*

A côté de M. Bizet, repose son allié et son ami., M. Delamorlière, ancien membre de l'académie d'Amiens, homme que de rares vertus, des connaissances utiles, d'importants services rendus dans des moments de trouble et de persécution, faisaient chérir de tous ses concitoyens. Il est fâcheux que le temps ait effacé en partie ces vers qu'on aperçoit au bas de sa pierre sépulcrale :

« O toi ! qui vers ces lieux es conduit par ton cœur,
» Et viens loin des méchants, quand ta force succombe,
» Dans ce champ du repos soulager ta douleur,
» Arrête, et d'un ami contemple ici la tombe.
» Il aima comme toi, comme toi vertueux,
» A faire des heureux il consacra sa vie,
» Bon époux et bon père, ami trop généreux,
» Il s'immola toujours au bien de sa patrie.
» Mais comment retracer avec leurs traits chéris
» Sa bonté, son esprit et son âme si tendre ?
» Hélas ! ces lieux affreux n'offrent plus que sa cendre,
» Et pour le bien connaître il faut être son fils. »

Sur la tombe de M. Ballue, magistrat intègre, on lisait l'épitaphe suivante :

ICI REPOSE
« JEAN-LOUIS BALLUE,

M. Bizet, son neveu, a bien voulu nous communiquer l'ouvrage le plus considérable de M. son oncle, son dictionnaire topographique de la Picardie.

» Ancien avocat au parlement,

» Ancien membre de l'assemblée législative,

» Président de la cour de justice criminelle

» Du département de la Somme,

« Président de la société d'émulation d'Amiens,

» Membre de la Légion d'Honneur,

» De la commission des hospices,

» Né à Péronne, en 1744,

» Mort le 16 mars 1807.

» Si nos vœux, si nos pleurs, si l'amour le plus tendre

» Pouvaient toucher les dieux et ranimer ta cendre,

» Ami, tu revivrais, et ton cœur généreux

» Compatirait encor aux maux des malheureux.

» Digne organe des lois, soutien de l'innocence,

» Du crime épouvanté tu dirais la sentence.

» Mais la mort te condamne au silence éternel....

» Tombe ! redis du moins ce qu'il eût d'immortel,

» Ses talens, ses vertus, dis surtout à sa gloire :

» Mortels, il vous aima, chérissez sa mémoire. »

CHAPITRE XII ET DERNIER.

ᗡᗡᗡ✳ᏨᏨᏨ

REMPART, PORTE DE PARIS ET BASTION DE LONGUE-
VILLE. —— BASTION DE GUYENCOURT. —— FONTAINE
DES FRÈRES. —— CIMETIÈRE ET FERME DE ST. ROCH.
—— BICÊTRE. —— HOTOYE. —— PETIT - ST. - JEAN ET
RENENCOURT.

En revenant du faubourg de Noyon, on laisse
à gauche le bureau d'octroi, construit en 1823,
à l'entrée de ce faubourg, pour continuer le
tour du rempart, sur lequel, jusqu'en 1515, les
habitants d'Amiens, divisés par paroisses, se
livraient un rude combat à coups de poings,
appelé *mahonnage* (1). Dans sa course, on ren-
contre les ruines de la *Porte-Paris,* dont l'aspect
extérieur avait quelque chose d'imposant (2).
Elle fut fortifiée l'an 1592, et fermée en 1607,

(1) On en faisait remonter l'origine à la bataille de Tours
contre les Sarrasins. Hist. littér. d'Amiens, pag. 439.

(2) En 1637, on trouva, en travaillant au bastion de
Richelieu, sous une voûte qui venait de la porte Paris,
un cerceuil couvert d'une pierre, avec deux figures,

étant trop rapprochée de celles de Noyon et de
Beauvais. On y logea les prisonniers, pendant
la reconstruction de la conciergerie. Ensuite,
on en fit un magasin à poudre ; et à l'époque
où l'on voulut détruire la mendicité à Amiens,
on y renferma les pauvres, surpris demandant
l'aumône au milieu des rues. La partie du
rempart conservée, à partir de cette porte, jusqu'à celle de Beauvais, est plantée de tilleuls
et de maronniers qui forment divers compartiments sur le *Bastion de Longueville.* Léonor de
Longueville, gouverneur de Picardie, posa la
première pierre de ce Bastion, en l'année 1571.
Sa gorge est séparée de la place par un fossé,
dans lequel les sociétaires du jeu d'arc ont établi des buttes, où ils s'exercent à tirer les fêtes
et dimanches. Souvent on se promène de ce
côté du rempart, pour respirer un air frais,
et jouir de la vue de mille objets intéressants.
Ici, ce sont la cathédrale et le beffroi ; là, St.
Charles, la bibliothèque et l'école des Frères

---

dont l'une représentait Mercure, et l'autre une femme
tenant une corne d'abondance. On y découvrit aussi
deux corps de grandeur ordinaire, et celui d'un enfant ;
entre leurs squélettes était une statue que l'on prit pour
Faustine ou pour Vénus. (Daire, hist. d'Amiens, t. 1er,
pag. 421.)

de la doctrine chrétienne ; plus loin , le beau jardin de l'hôtel de la préfecture , qui frappent les regards des promeneurs.

Depuis la barrière de Beauvais jusqu'à celle de la Hotoye, se développe un joli boulevard, formé , lors de la concession qui fut faite à la ville , en 1805 , du terrein des remparts. Le *Bastion de Guyencourt* (1) , qu'on voit à l'angle de ce boulevard, a été bâti sous Henri II, et renferme une petite tour nommée *la tour des avocats.* La *Fontaine des Frères* en baigne le pied : ses eaux lympides sont dirigées par des conduits souterrains jusqu'à la machine hydraulique , et distribuées ensuite dans des canons de jauge, aux diverses fontaines de la ville. Malheureusement ces eaux baissant chaque jour, il est à craindre qu'elles ne deviennent bientôt insuffisantes. (2)

Derrière le bastion de Guyencourt, est situé le *Cimetière de St. Roch.* Les cadâvres des individus exécutés à mort, y étaient autrefois enterrés. On y reconnut, il y a plusieurs années, les restes de Joseph Lebon, à un grand

---

(1) Ou de Guy de Heucourt. Ce bastion a été le théâtre des divertissements de la fête qui eut lieu à Amiens le 6 juin 1825, à l'occasion du sacre du Roi CHARLES X.

(2) Deux savants de cette ville analysèrent en 1784 les

nombre de pierres que le peuple d'Amiens, dans sa colère, avait lancées sur le cercueil de ce représentant. Quelques épitaphes se font encore à présent remarquer dans ce cimetière. Celle de M. Pamare, excellent prédicateur, décédé vicaire de la paroisse de St. Jacques, le 8 octobre 1813, porte :

« De la loi qu'il prêchait, observateur fidèle,
» Orateur éclairé, directeur plein de zèle,
» Ferme appui de la foi, brûlant de charité,
      » Ministre d'un Dieu de bonté,
» Des célestes faveurs il fut dépositaire ;
» Consolant l'affligé, secourant la misère,
» Toujours il se montra l'ami des malheureux ;
» La mort qui nous en prive, en enrichit les cieux.
      Dans le silence des tombeaux
» Il repose et conserve à jamais l'espérance
      » De voir couronner ses travaux
      » Par l'éternelle récompense. » (1)

---

eaux que fournissent nos sources et nos rivières. Un travail de trois ans, un *in-folio*, enseveli dans la poussière des archives, fut le fruit unique de leur zèle. Depuis, on confia le même travail à la société de médecine; elle goûta les eaux, les pesa et les classa dans l'ordre que leurs qualités comparées devaient leur assigner. D'après cette classification, la meilleure eau, est celle de la Somme, prise au *pont du Cange*. (Miroir de la Somme du 25 juillet 1822).

(1) M. Caron, vicaire de la même paroisse, est auteur de cette épitaphe.

A côté du Cimetière St. Roch, on voit la
Ferme du même nom. Les Prémontrés de l'abbaye de St. Jean s'y retirèrent, après qu'Hernand
Teillo eût fait détruire leur couvent, parce qu'il
commandait l'un des quartiers d'Amiens, où
cet Espagnol était trop resserré. En 1680, on
bâtit auprès un petit hospice dans lequel on
plaçait les personnes malades de la peste.

Non loin de cette ferme, se trouve la maison
de détention du département, vulgairement
appelée le *Bicêtre*. Elle fut construite vers 1780,
pour servir de dépôt de mendicité. Pendant la
terreur, on y incarcera les prêtres, les nobles
et les autres personnes reputées *suspectes*. Aujourd'hui on y garde les condamnés à des peines
correctionnelles au-dessous de cinq ans, et les
condamnés soit aux fers, soit à la reclusion,
qui obtiennent, de la clémence du Roi, d'y
achever le temps de leur détention. Le tiers du
produit du travail des détenus leur appartient,
un autre tiers est mis en réserve, jusqu'à leur
sortie, et le dernier tiers tourne au profit de la
maison. Les insensés et les épileptiques sont
aussi reçus dans cet établissement. Les filles
publiques, attaquées de maux vénériens, doi-
vent y rester jusqu'à leur guérison. La chapelle
est décorée avec simplicité. On y remarque,

comme par tout ailleurs, la bonne administration du directeur. Les hommes et les femmes
sont séparés, même lorsqu'ils entendent la
messe.

A droite du Bicêtre, est la *Hotoye*, plantée
sur les dessins du célèbre Lenotre, en 1759,
par les soins de l'intendant Chauvelin. Ses
grands ormes ont été abattus en 1824, et rem-
placés presqu'aussitôt par des tilleuls dont le
feuillage touffu, dissipera incessamment les
regrets que causa la destruction de cette magnifique promenade. Elle est indifféremment
nommée le *Cours* ou la *Hotoye*. Les allées,
au nombre de cinq, ont près d'un quart de
lieue de longueur. Le terrein en fut donné par
Marie *de la Hotoye*, pour *égaudir la jeunesse*.
Elle renfermait, dans les triangles, des jeux de
tamis, de longue paume et de ballon, et au
de là du quinconce à gauche, un emplacement
spacieux, appelé *Champ de Mars*, où se faisaient les évolutions militaires, les fêtes et les
réjouissances publiques. A l'extrémité de la
principale allée, est un superbe bassin portant
77 toises, dans son plus grand diamètre. Des
cygnes nagent autour de cette pièce d'eau, qui
offre un fort joli coup-d'œil. On a généralement
applaudi à la sage résolution qu'a prise la Mai-

8

rie, en recréant cette promenade, de la refaire sur l'ancien plan. Les plantations ont eu lieu sous la direction de M. du Croquet de Domecourt. D'autres, non moins importantes, étaient l'ouvrage de M. Fontaine, conseiller à la Cour, mort victime, selon de trop funestes apparences, du zèle avec lequel il en dirigeait les travaux.

Au sud de la Hotoye, règne une belle avenue de blancs, environnée de petits ruisseaux et d'immenses prairies, par laquelle on joint la section du *Petit-St.-Jean*. De ce hameau, on va ordinairement à *Renencourt*, pour voir la belle filature de coton qui s'y trouve. Dans le 14ᵐᵉ. siècle, les paysans de ce lieu, s'exerçaient, le premier dimanche de Carême, ou des *Brandons*, à pousser avec les pieds une grosse chéolle, le plus loin qu'ils pouvaient; tandis que des bourgeois d'Amiens tâchaient, en la repoussant de même, de la faire aller sur les terres de l'Evêque, d'où ils avaient alors le droit d'emporter cette espèce de ballon.

FIN.

TABLE

DES MATIÈRES.

Mayeurs. Serment qu'ils prêtaient anciennement, p. 18.

Merovée, élu roi à Amiens, 7.

Montenégro (le marquis de) rénd Amiens à Henri IV, 31. — Empêche le gouverneur espagnol, de brûler cette ville, 60.

Moulins : — du Bassin, 83. — à poudre, 94. — du Roi, 75. — Taille fer, 78.

Neuville (la), 99.

Norbert (le frère), prédit le gain de la bataille de Rocroi au Grand Condé, 29.

Normands (les) remontent la Somme, 26. — brûlent la cathédrale, 64, note.

Notions préliminaires sur Amiens, 1.

Oratoire (l'), 60.

Palais épiscopal, 61.

Peigneurs (les) forcent le mayeur et les échevins à reconnaître Henri IV, 74.

Pélérins : — de la ville de Myre, 58. — de Notre-Dame-des-Vertus, 31.

Petit-St.-Jean, 114.

Philippe-Auguste épouse Ingelburge, 58. — Réunit le comté d'Amiens à la couronne, 53, 103.

Pinceau (le), 102.

Places : — d'Armes, 33. — de la Mairie, 10. — de Notre-Dame, 70, note. — St. Firmin-à-la-Pierre, 24. — St. Martin, 2. — St. Michel, 63.

Poissonnerie, 72.

Pol (le comte de St.) s'enfuit en pourpoint du Logis-du-Roi, 51.

FIN DE LA TABLE

AMIENS, IMP. D'AUG. CARON.

www.ingramcontent.com/pod-product-compliance
Lightning Source LLC
Chambersburg PA
CBHW071944100426
42737CB00046BA/2240